Klassische Literatur als
Inspiration für Manager

Roland Leonhardt

Klassische Literatur als Inspiration für Manager

Anregungen und Zitate
großer Dichter und Denker –
von Cicero bis Oscar Wilde

2., überarbeitete und erweiterte Auflage

Roland Leonhardt
Frankfurt/Main, Deutschland

ISBN 978-3-8349-4755-0　　　　　　ISBN 978-3-8349-4756-7 (eBook)
DOI 10.1007/978-3-8349-4756-7

Die Deutsche Nationalbibliothek verzeichnet diese Publikation in der Deutschen Nationalbibliografie; detaillierte bibliografische Daten sind im Internet über http://dnb.d-nb.de abrufbar.

Springer Gabler
© Springer Fachmedien Wiesbaden 2015
Die 1. Auflage des Werkes erschien 2003 mit dem Titel „Goethe - Klassische Literatur für Manager" ebenfalls im Springer Gabler Verlag.
Das Werk einschließlich aller seiner Teile ist urheberrechtlich geschützt. Jede Verwertung, die nicht ausdrücklich vom Urheberrechtsgesetz zugelassen ist, bedarf der vorherigen Zustimmung des Verlags. Das gilt insbesondere für Vervielfältigungen, Bearbeitungen, Übersetzungen, Mikroverfilmungen und die Einspeicherung und Verarbeitung in elektronischen Systemen.

Die Wiedergabe von Gebrauchsnamen, Handelsnamen, Warenbezeichnungen usw. in diesem Werk berechtigt auch ohne besondere Kennzeichnung nicht zu der Annahme, dass solche Namen im Sinne der Warenzeichen und Markenschutz-Gesetzgebung als frei zu betrachten wären und daher von jedermann benutzt werden dürften.

Gedruckt auf säurefreiem und chlorfrei gebleichtem Papier

Springer Gabler ist Teil der Fachverlagsgruppe Springer Science+Business Media.
www.springer-gabler.de

Meiner Mutter in Dankbarkeit

Vorwort

„Ein weites Feld", so heißt der Titel eines Buches von Günter Grass. Ein weites Feld ist auch die Literatur.

Eine Auswahl darin zu treffen – auch bei bester Absicht – kann immer nur willkürlich sein. Hinzu tritt die Frage: Was könnte Manager interessieren, und warum sollten sie sich überhaupt mit Literatur befassen? Die Antwort darauf ist einfach: Literatur erweitert unseren Horizont und bietet uns die Möglichkeit, das Leben aus unterschiedlichen Perspektiven zu betrachten. Der Einsatz dabei ist gering: die Lesestunde am Abend, das Buch zum Wochenende, der Bücherstapel in den Ferien.

Die Lektüre soll aber auch entspannen und unterhalten, sie soll anregen und herausfordern. So erzählen die Kurzbiografien vom Leben der Dichter, von ihren Erfolgen und Niederlagen. Sie können auch für Manager eine Inspirationsquelle sein. Hinweise und Tipps dazu geben die nachfolgenden Anmerkungen.

Zitate haben den Vorteil, dass sie sich wie ein abgeschlossenes Werk lesen und verstehen, im besten Fall auch anwenden lassen. Unsere Auswahl galt daher besonders jenen Autoren, die auch heute noch häufig zitiert werden. Denn Zitate, Sentenzen und Exzerpte sind es, die manch ein dickes Buch ersetzen und einen Gedanken auf den Punkt bringen können.

In einer Welt, die immer weniger über Zeitressourcen verfügt, sind die knappe Wortaussage, der Geistesblitz, das Zitat von zunehmender Bedeutung. „Sprachkürze gibt Denkweite", heißt es bei Jean Paul. Aber auch in Rede und Vortrag, in der Untermauerung von Theorie und These, lassen sich Zitate gut verwenden.

Abgesehen vom reinen Lesevergnügen sind Zitate auch Impulsgeber und Ratgeber. Nutzen Sie deshalb die Vielfalt der Zitate, um zu neuen Erkenntnissen und Einsichten zu gelangen.

Viel Vergnügen beim Blättern und Lesen!

Inhaltsverzeichnis

Vorwort 7

Teil 1: Klassische Literatur des Altertums 11

    Euripides für Manager: Offene Zukunft bietet Chancen 13

    Sophokles für Manager: Extremsituationen meistern 17

    Cicero für Manager: Netzwerke als Karrierebeschleuniger 21

    Ovid für Manager: die Kunst der Rede 27

    Horaz für Manager: Bildung als Erfolgsfaktor 31

    Mark Aurel für Manager: Scharfblick mit Rückschlüssen 37

Teil 2: Klassische Literatur der Neuzeit 43

    Montaigne für Manager: Praktischer Humanismus 45

    Shakespeare für Manager: Dichtung und Business 51

    La Rochefoucauld für Manager: erkennen, fördern, entwickeln ... 59

    Vauvenargues für Manager: emotionale Intelligenz 65

    Nicolas Chamfort für Manager: vom Mittelmaß zur Hochleistung ... 71

    Lichtenberg für Manager: Neugierde, Wissensdurst, Experimentierfreude 77

    Goethe für Manager: Konstellation eines erfolgreichen Lebens ... 83

    Joubert für Manager: Hinterlassenschaften 89

    Schiller für Manager: Beruf und Anforderung 95

    Jean Paul für Manager: schwungvolle Kommunikation 101

Teil 3: Klassische Literatur der Moderne **105**

Heinrich Heine für Manager: Marke ICH 107

Tolstoi für Manager: Quereinstieg mit Folgen 113

Ebner-Eschenbach für Manager: selbstbewusst, autonom und
erfolgreich 119

Mark Twain für Manager: gesunder Menschenverstand und
demokratische Gesinnung 125

Ambrose Bierce für Manager: Grenzerfahrung und
Risikoabschätzung 131

Oscar Wilde für Manager: Absturz aus der Höhe 135

Shaw für Manager: Wille zum Aufstieg 143

Karl Kraus für Manager: Schärfe, Brillanz und
hohe Formulierungskunst 149

Teil 1:
Klassische Literatur des Altertums

„Nichts ist schrecklich, was notwendig ist."
Euripides, griechischer Tragödiendichter
485/80 v. Chr.–406 v. Chr.

Euripides für Manager:
Offene Zukunft bietet Chancen

Wer im Siegesrausch jegliche Kontrolle über sein Handeln verliert, darf sich nicht wundern, wenn er – im Verlust der Realität – schließlich selber zum Opfer oder Verlierer wird. Dies könnte man als Quintessenz des Stückes „Troerinnen" von Euripides herauslesen. Denn die anfängliche Euphorie des athenischen Heeres, die Trojaner besiegt zu haben, war nicht von Dauer. Auf der Heimfahrt war das siegreiche Heer bald den Naturgewalten des Meeres ausgeliefert und musste sich letztendlich doch geschlagen geben.

Euripides lehrt uns, dass Sieger und Besiegte gleichermaßen Opfer höherer Gewalten sein können und damit Hochmut und Siegerpathos fehl am Platze sind. Manager wissen, dass Sieg und Niederlage dicht beieinander liegen. Die eigenen Schwächen und Stärken zu kennen, ist immer noch der beste Schutz vor Hochmut und Leichtsinn.

Doch auch für ihn, den großen tragischen Dichter, lief es zunächst nicht sonderlich gut. Beim Wettkampf der Tragiker um 455 gewann Euripides zwar oft die vordersten Plätze, er selbst hatte aber an seiner Begabung große Zweifel. Zudem litt er an den moralischen und politischen Verwerfungen seiner Zeit – Athen war eben alles andere als eine Insel der Glückseligkeit.

Auffallend an seinen Stücken ist die Hinwendung zum bürgerlichen Milieu und damit zur Auseinandersetzung mit den alltäglichen Banalitäten. Euripides holte das Erhabene „vom Sockel" herunter, was einer Verbürgerlichung der Tragödie gleichkam: ein Stilbruch, der ihm schwere Vorwürfe einbrachte. Außerdem gab er in seinen Stücken dem Individuum mehr Raum; in seinen Dramen stehen Frauengestalten im Vordergrund. Überhaupt entscheiden die Unwägbarkeiten und Zufälle über das Schicksal der Protagonisten.

> Die Zukunft als etwas Offenes und Unberechenbares annehmen? Ist die Zukunft etwa eine unbekannte Größe? Keine schöne Vorstellung für Manager, die doch sonst alles im Griff haben wollen und allzu gern den Prognosen, Analysen, Trends und Zukunftsvisionen der Experten vertrauen. Doch das ist eine Einstellung, die es zu überdenken gilt. Denn die Zukunft als etwas Offenes und Unberechenbares bietet auch Chancen und Möglichkeiten, die wir im Augenblick vielleicht noch nicht sehen oder abschätzen können.

Euripides' Zitate für Manager

Nichts schädigt mehr den Staat als Alleinherrschaft.

Lehr und Beispiel nimmt an Schmach der Edle sich.

Die Zeit entlarvt den Bösen.

Frag nur vernünftig und du hörst Vernünftiges.

Kein Mann der Erde, wahrlich! ist ein freier Mann.

Bedächtige Reden führen stets zum klügsten Ziel.

Schrecklich ist die Volksmasse, wenn sie schlimme Führer hat.

Auf den Geist muss man schauen. Denn was nützt ein
schöner Körper, wenn in ihm nicht eine schöne Seele wohnt.

Noch nie war einer glücklich, welcher Unrecht tat;
des Heiles Hoffnung blühet dem Gerechten nur.

Wer mag ein Urteil fällen, wer das Rechte sehn,
bevor er sorgsam angehört der beiden Wort.

Wo Gesetze schriftlich aufgezeichnet sind, genießt
der Schwache mit dem Reichen gleiches Recht.

Erst handle, dann rufe die Götter an; dem Tätigen
fehlt auch die Hilfe, der Gottheit nicht.

Nicht soll dich das Glück zu Hochmut verleiten,
noch das Unglück dich zu seinem Sklaven machen.
Ein steter Kampf ist unser Leben; glücklich sind die
einen plötzlich, andere spät erst, andre bald.

Edle Seelen zürnen leicht bei ihrem Lob dem
Lober, wenn sie dieser überschwänglich lobt.

Der Mangel ist ein Fluch, er reißt, ein
schlimmer Lehrer, uns zum Bösen fort.

Der gute Mut gilt mehr als der gute Rat, was viele
Feldherrn schon zugrund' gerichtet hat.

Nichts übt größere Macht aus als der Drang der Not.

Nach dem Glück wird unsrer Weisheit Maß geschätzt.

Beim Ratgeben sind wir alle weise, aber
blind bei eignen Fehlern.

Ratschläge sind viel leichter als Geduld im Leid.

Der Wahrheit Rede ist schlicht.

Wer sich selbst beherrscht, der ist der weise Mann.

Nur kurz beschert uns das Leben, darum ziemt's,
gemach es zu vollenden, nicht mit Sorg und Müh.

Ein weises Wort ist jenes, das die Menschen lehrt,
die Reden anzuhören auch des andern Teils.

Wenn zweie streiten, ist der, der dem Zornigen
nicht widerspricht, der Weisere.

Wie dem Adler der Himmel offen steht, so ist dem
tüchtigen Mann die ganze Welt das Vaterland.

Die Übung ist in allem beste Lehrerin den Sterblichen.

Den Edlen grollen ja die Götter nicht, nur
für gemeine Seelen ist das Ungemach.

Klug ist, wer ruhig sich verhält zur rechten Zeit; und
diese Vorsicht ist es, die den Mann bewährt.

„Befehle nicht, wo dir die Macht gebricht!"
Sophokles, griechischer Tragödienschreiber
497/96 v. Chr.–406/405 v. Chr.

Sophokles für Manager: Extremsituationen meistern

30-mal trat Sophokles im Athener Tragödienwettbewerb an und konnte dabei 18 Siege verbuchen. Doch nicht nur auf diesem Feld war Sophokles erfolgreich. Der Feldherr, Admiral und Stratege gehörte neben Perikles zu den zehn wichtigsten Männern des attischen Seebundes.

Die Politik war neben seiner Dichtkunst gleichrangig und wirkte sich auf sein Schaffen vorteilhaft aus, aber auch als Priester übte der Tragödiendichter eine ehrenvolle Funktion aus. Aus seinen über 120 Stücken stechen besonders die Tragödien *Antigone, Elektra und König Oidipus* hervor, Menschen in Extremsituationen spielen stets eine große Rolle. So heben sich die Protagonisten Antigone, Elektra und König Oidipus durch ihren unbedingten Anspruch, immer nur dem Rechten zu folgen, deutlich von anderen Gestalten ab; ihre ganze Handlungsweise wird durch diese Empfindung bestimmt. Erstaunlich dabei ist, mit welcher Ruhe und tiefen Einsicht sie den einmal eingeschlagenen Weg weitergehen.

Die Figur der Antigone ist dafür ein gutes Beispiel. Um eine würdevolle Bestattung ihres Verwandten zu erwirken, legt sie sich mit der Obrigkeit an. Obwohl der Widerstand groß ist, geht sie keine falschen Kompromisse ein, bleibt beharrlich bei ihrem Vorhaben und nimmt dafür Einsamkeit und Isolation in Kauf. Was sich zunächst als Vorteil in Hinsicht auf Durchsetzungskraft und

Standfestigkeit erweist, wirkt sich als Nachteil in anderen Situationen aus: Es gibt für sie nur den Gegensatz von falsch und richtig, schwach und stark, schwarz und weiß.

In dieser einengenden Perspektive gibt es so gut wie keine Alternativen oder Auswege. Dem Unausweichlichen auszuweichen scheint damit sinnlos, da den Menschen jedwedes Mittel zu wahrer Erkenntnis fehlt und deshalb leidvolle Erfahrungen nicht ausbleiben können. Damit steht auch das Göttliche außerhalb der menschlichen Erkenntnis, vielmehr offenbart sich das Göttliche im Orakel und in den Sehersprüchen.

Wie Elektra, in dem gleichnamigen Stück, bleiben die Protagonisten in Sophokles' Tragödien auf erstaunliche Weise charakterlich ungebrochen. Denn trotz aller Erniedrigungen, die Elektra in der Hand des Mörders ihres Vaters erfährt, bleibt sie doch entschlossen und unbeirrt. Das mag wohl mit ihrem Hass zu tun haben, der einen Teil ihrer Lebensvitalität ausmacht.

Es ist bezeichnend, dass alle Figuren das unabwendbare Schicksal dennoch durch eigene Handlungsweisen beeinflussen wollen. Ein sinnloses Unterfangen? Wir wissen es nicht.

> Sophokles zeigt uns, dass die Irrungen und Wirrungen des Lebens oft (oder ausschließlich) ihren Ursprung in uns selbst haben, und die gegensätzlichen Interessen der Menschen Quelle von Konflikten und Auseinandersetzungen sind. Mit diesem Wissen können Manager besser auf Konflikte und Extremsituationen reagieren.

Sophokles' Zitate für Manager

Hast du bei deinem Werk den Anfang gut gemacht,
das Ende wird gewiss nicht minder glücklich sein.

Die Bäume, die sich schmiegen, stehn an ihren
Zweigen unversehrt, und die sich sträuben,
kommen samt der Wurzel um.

Denn was der Trug gewann, der ungerechte,
kann nicht dauernd sein.

Durch Betrug erlistet, ist noch nicht gewonnen.

Wer im eignen Haus sich als rechter Herr bewährte,
wohl erscheint er auch im Staat gerecht.

Niemand ja liebt den Boten unwillkommener Mär.

Hab` ich das Recht zur Seite, schreckt dein Droh'n mich nicht.

Jedes Wesen kann nur in seiner Eigenheit gut sein.

Wer schnell entschlossen ist, der strauchelt leicht.

Denn wohl erkenn ich, dass des Vielerfahrenen
Ratschlüsse stets ein segensvolles Ende krönt.

Viele, heute befreundet, sind uns morgen Feind.

Was man sucht, das lässt sich finden; was
man unbeachtet lässt, entflieht.

Durch Forschen nur gewinnt man Vorsicht
und Bedacht in allem Tun.

Doch manchen stürzte schon die Hoffnung
auf Gewinn in sein Verderben.

Kein kluger Arzt bespricht das Übel
klagend, das den Schnitt verlangt.

Das harte Wort schmerzt immer, sei's auch ganz gerecht.

Frechen Hochmut lieben auch die Götter nicht.

Denn Unverstand ist's, über seine Kraft zu tun.

Wohl gibt's, wo Götter schaffen, nichts Unmögliches.

Nie mag ein Gut ja, welches er in Händen hält, der
Tor erkennen, bis es ihm entschwunden ist.

Wer Großes vorhat, lässt sich gerne Zeit.

Dem gehört das Morgen nicht, der nicht das
Heute glücklich schon zurückgelegt.

Das Schönste ist, gerecht zu sein, das Beste die Gesundheit;
das Angenehmste, wenn man immer erreicht, was man will.

„Handle, wie du handeln musst."
Marcus Tullius Cicero, römischer Staatsmann, Redner und Schriftsteller
106 v. Chr.–43 v. Chr.

Cicero für Manager:
Netzwerke als Karrierebeschleuniger

Es sind vor allem die Briefe Ciceros, die uns so eingehend über die Antike (1. Jh. v. Chr.) unterrichten, wie sonst keine anderen Schriften. Wir nehmen darin an Ciceros Handeln und Wirken teil, erleben ganz nah die Spannungen und politischen Umbrüche in jener Zeit. Dabei kommt uns beim Lesen zugute, dass Cicero neben dem Lateinischen auch das Griechische ganz vorzüglich beherrschte. Wer war dieser Mann?

Cicero wurde im Gebiet von Arpinum geboren, damals ein kleines Landstädtchen knapp 100 Kilometer vor den Toren Roms. Sein Großvater, der ihn auf seinem Gutshof großzog, gehörte dem Ritterstand an. Dazu muss man wissen: In der römischen Gesellschaft folgten die Ritter standesgemäß gleich nach den Senatoren. Wie nicht anders zu erwarten – und eben auch mithilfe jener Ritter – konnte Cicero die besten Schulen besuchen, wo er griechische Bildung auf hohem Niveau genoss. Dort lernte er auch seinen Freund Atticus kennen, der lebenslang für ihn so etwas wie ein Coach werden sollte.

In Rom hörte Cicero die Reden bedeutender Politiker – fasziniert von ihrer Rhetorik, lernte er sie auswendig. Stets sein Karriereziel vor Augen, strebte er eine Tätigkeit als Rechtsvertreter auf dem Forum an. Von dieser Position aus sollte es ihm möglich sein, per Ämterlaufbahn in den Senat zu gelangen und damit eine Spitzenstellung im Staat einzunehmen. Überhaupt waren das Studium und das

Anfertigen bedeutender Reden sein Hauptanliegen. In dieser Aufgabe verausgabte er sich schließlich derart, dass man sogar um seine Gesundheit fürchten musste. Für Cicero, der ein karrierebewusster und zielstrebiger Mensch war, war die Wahl zum Konsul ein Höhepunkt in seiner Laufbahn. Doch bis dahin musste er sich vielerorts bewähren, Konflikte lösen, Intrigen entlarven und Umstürzler überführen. Daneben hatte er viele Nebenbuhler, die ihm das Leben schwer machten und sogar einen Prozess „anhängen" wollten.

Eine Zeit lang wurde Cicero aus Rom verbannt; er litt sehr darunter und konnte sich nur mühsam aus seiner Niedergeschlagenheit befreien. Doch Cicero war kein Mann, der aufgibt, und so wurde seine Rückkehr nach Rom von Beifall begleitet. Nach dem Tod seiner Tochter und dem Ausbleiben von Staatsreformen unter Julius Caesar wandte er sich verstärkt philosophischen Themen zu.

Ciceros Verdienst besteht unter anderem darin, die Gerichtsrede zu höchster rhetorische Form entwickelt zu haben. Seine Gedanken zu einem demokratischen Staatswesen und gleichermaßen zu einer Staatsverfassung nötigten auch seinem ärgsten Gegner, Julius Caesar, Respekt ab.

Schon zu Ciceros Zeiten war es wichtig, über ein Netzwerk von einflussreichen Personen und Entscheidungsträgern zu verfügen, möglicherweise konnte das eine Karriere beschleunigen. Auch in der globalisierten Welt von heute sind Netzwerke, gerade für Manager, nicht nur karrierefördernd, sie sind auch überlebenswichtig.

Ciceros Zitate für Manager

Aller Dinge Anfang ist klein.

Zu welchen Dingen wir also am geeignetsten sind, denen werden wir uns am ehesten anstrengen.

Schlechte Beispiele schaden mehr als Sünden.

Jeder übe sich in der Kunst, die er erlernt hat!

Nichts ist so sicher geschützt, dass es nicht
mit Geld erobert werden könnte.

Die Miene zeigt den Charakter an.

Durch den eigenen Charakter bestimmt
sich jedem das Schicksal.

Jeder lerne also seine Eigenart kennen und zeige
sich als ein scharfer Richter seiner Vorzüge
und Fehler, damit die Bühnenkünstler nicht
mehr Klugheit zu haben scheinen als wir.

Denn nichts ist, was erfunden wird, zugleich auch vollendet.

Der eine bedarf der Zügel, der andere der Sporen.

Aller Dinge Hort ist das Gedächtnis.

Und es ist noch keiner gefunden worden,
dem was er hat, genug wäre.

Denken wir aber daran, dass auch gegen die
Geringsten Gerechtigkeit zu wahren ist.

Grundlage der Gerechtigkeit ist Pflichttreue.

Das öffentliche Wohl soll das oberste Gesetz sein.

Ich möchte lieber gesund als reich sein. Denn nichts
ist großzügig, was nicht zugleich gerecht ist.

Gute Taten wollen ins Licht gesetzt werden.

Schwierig ist die Vollendung des Besten.

Wer gut herrscht, muss einst gehorcht haben,
und wer in Bescheidenheit gehorcht, erscheint
würdig, selbst einmal zu befehlen.

Solange einem Kranken Atem innewohnt,
gibt es noch Hoffnung.

Jeder Mensch kann sich irren, doch
ein Narr verharrt im Irrtum.

Ein Krieg aber soll so unternommen werden, dass
nichts anderes als der Friede gesucht scheint.

Einem Lügner pflegen wir nicht einmal dann
zu glauben, wenn er die Wahrheit spricht.

In den meisten Dingen ist der Mittelweg am besten.

Mir scheint nämlich nicht frei zu sein, wer
nicht auch bisweilen nichts tut.

Es sind aber auch gewisse Pflichten gegen die zu
wahren, von denen Unrecht zugefügt wurde.

Es gibt nämlich ein Maß im Sichrächen und Strafen.

Wenig wert sind nämlich draußen die Waffen,
wenn daheim nicht weiser Rat herrscht.

Das höchste Recht ist das höchste Unrecht.

Der Ruhm folgt der Tugend gleichsam wie ein Schatten.

Durch den eigenen Charakter bestimmt
sich jedem das Schicksal.

Durch einen Sieg, nicht durch einen Pakt,
soll man den Frieden schaffen.

Die Menschen verstehen nicht, welch große
Einnahmequelle in der Sparsamkeit liegt.

Die Steuern sind die Nerven des Staates.

Als tapfer und groß gesinnt haben nicht die zu gelten,
die Unrecht tun, sondern dies es abwehren.

Bei jeder Ungerechtigkeit aber ist ein großer
Unterschied, ob aus irgendeiner seelischen Erregung,
die meist kurz und für den Augenblick ist, oder mit
Vorbedacht und überlegt Unrecht geschieht.

Wer einem anderen den Untergang bereitet, der muss
wissen, dass auch für ihn Verderben bereitsteht.

Vermehrung des Vermögens aber, die niemand schadet, ist
nicht zu tadeln, zu meiden aber ist immer das Unrecht.

Das Band der Gesellschaft sind Vernunft und Sprache.

Immer aber muss man beim gegebenen Wort daran
denken, was man gemeint, nicht was man gesagt hat.

Die Unkenntnis zukünftiger Übel ist
besser als das Wissen darum.

Die, die ihren eigenen Weg nicht kennen,
zeigen anderen die Richtung.

Dem Weisen also allein gelingt es, dass er
nichts gegen seinen Willen tut.

„Sei geschäftig, und du wirst sicher sein."
Ovid, eigentlich Publius Ovidius Naso, römischer Dichter
43–17 n. Chr.

Ovid für Manager: die Kunst der Rede

Blickt man auf Ovids biografische Daten, so war die Ausgangslage für den römischen Dichter, wie wir heute sagen würden, optimal. Als Sprössling einer alten Adelsfamilie musste Ovid keine Not leiden – im Gegenteil –, die Familie war vermögend und bereits in den Ritterstand erhoben. Während seiner Ausbildung zum Juristen – denn auch damals war es besser, über einen bodenständigen Beruf zu verfügen – lehrten ihn namhafte Rhetoren ... Dies war insofern von Bedeutung, als die hohe Kunst der Rhetorik in der Antike gepflegt wurde, ohne sie konnte man keine höheren Ämter anstreben. Für Ovid stand nun einer Senatorenlaufbahn nichts mehr im Wege, dennoch entschied er sich anders.

Früh schon machte sich seine dichterische Begabung bemerkbar, und auch sein Interesse an der Literatur war groß. Im Alter von 20 Jahren verabschiedete er sich aus dem Berufsleben und gab sich ganz der Dichtkunst hin. Auch als Augustus ihn, freilich unter Wahrung seiner Bürgerrechte und dem Erhalt seines Vermögens, ans Schwarze Meer verbannte, ließ seine Schaffenskraft nicht nach. Leider lässt sich nicht mehr sagen, aus welchen Gründen er dorthin verbannt wurde. Gut möglich, dass sein Rückzug ins Private mit seiner Abwendung von der römischen Staatsdoktrin zu tun hatte.

Es waren vor allem die erotischen Elegien, die ihn in Rom und darüber hinaus bekannt machten. Senatorensöhne lasen die Elegien besonders gerne, da sie in politischer und militärischer Laufbahn eingeengt, die Liebe oft nur aus den Zeilen der Elegiker kannten.

Ovids Dichtkunst erschöpft sich aber nicht ausschließlich in römischer Liebespoesie. Als Beobachter des römischen Lebens hat er die menschlichen Verhaltensweisen in Gesellschaft und Politik eingehend studiert und daraus Rückschlüsse gezogen. Zahlreiche pointierte Zitate lassen diesen Scharfblick erkennen. Selbst für Shakespeare und Goethe war er ein großer Anreger, und damit einer der bedeutendsten Autoren der Antike.

> Ovid zeigt uns, wie wichtig die Kunst der Rede ist. Sich an ihr zu schulen und fortzubilden, ist nicht nur eine vornehme, sondern auch eine lebenslange Aufgabe. Das sollte für Manager geradezu ein Pflichtprogramm sein!

Ovids Zitate für Manager

Wehre den Anfängen!

Gib deinem leeren Geist eine Aufgabe, die ihn packe!

Jeglicher Anlass sei dir für eine Aufmerksamkeit recht.

Aufgeregte Gemüter zittern vor Hoffnung und Furcht.

Solange du glücklich bist, wirst du viele Freunde haben; in düsteren Zeiten wirst du allein sein.

Es ist auch erlaubt, sich vom Feind belehren zu lassen.

Keine Berechnung kann das Schicksal besiegen.

Durch deine Beredsamkeit wird jedes Anliegen gut.

Nichts gibt es auf der ganzen Welt, das Bestand hätte. Alles fließt.

Jeder sollte die Grenzen seiner Bestimmung einhalten.

Mit den späten Jahren kommt die Erfahrung.

Der Erfolg beurteilt die Tat.

Auch wenn es dich empört: Das unerlaubte
Vergnügen macht Spaß.

Ein leichter Wind nährt die Flammen, ein stärkerer löscht sie.

Früchte, die dahinschwinden, pflücket mit rascher
Hand! Das Geben erfordert Verstand.

Starkes gedeiht von selbst.

Der Brennnessel ganz nah ist oft die Rose.

Wir loben die alten Zeiten, doch wir leben in den unsrigen.

Eine Gesinnung, die sich des Rechten bewusst ist,
lacht über die Lügen des Gerüchts.

Hoffnung, welcher Art auch immer, besteht
zu Recht, wenn sie auf Verdienst fußt.

Im Krieg ist der Zweig des friedlichen Ölbaums von Nutzen.

Niemand kann lehren, wovon er zu wenig versteht.

Keine Machtstellung ist von Dauer.

Bisweilen ist Unrecht selbst für die
nützlich, die es erlitten haben.

Ob sie sich hingeben oder sich verweigern, sie
freuen sich dennoch, gefragt worden zu sein.

Sieh nur zu, dass du nicht schadest,
während du zu helfen wünscht.

Der Schiffbrüchige fürchtet auch ruhige Gewässer.

Nichts ist dem Menschen sicher.

Oft weckt Not Talent.

In glücklichen Zeiten werden die Herzen leicht übermütig.

Beginne deinen Versprechungen Taten hinzuzufügen!

Alles wandelt sich, nichts vergeht.

Zu wollen ist zu wenig:
Du musst begehren, dich der Sache zu bemächtigen.

„Wer nur begann, der hat schon halb vollendet."
Horaz, eigentlich Flaccus Quintus Horatius, römischer Dichter
65 v. Chr.–8 v. Chr.

Horaz für Manager:
Bildung als Erfolgsfaktor

Der römische Dichter Horaz war im 17. und 18. Jahrhundert sehr populär. Besonders in England wurde Horaz häufig von Politikern zitiert, die damit so manche Parlamentsdebatte anfeuerten. Bis es aber zu dieser Ehre kam, musste Horaz, der Sohn eines Sklaven, einen langen und mühsamen Weg gehen. Dabei könnte sein Bildungsweg auch exemplarisch für unsere Zeit sein.

So war es dem Vater wichtig, seinen Sohn nicht auf irgendeine Provinzschule, sondern gleich nach Rom zu schicken. Hier konnte er mit den anderen Senatorenkindern zusammen unterrichtet werden. Um die geistige Bildung seines Sohnes bemüht, schickte ihn der Vater anschließend nach Athen, wo er den letzten Schliff in philosophischer Bildung und griechischer Dichtkunst bekommen sollte – Letzteres sollte ihn später berühmt machen.

Doch zunächst musste der junge Mann zum Militär einrücken und an einigen riskanten militärischen Operationen teilnehmen. Allerdings bewährte er sich dabei ganz vorzüglich, und man attestierte ihm hervorragende Leistungen. So kam es, dass Horaz bald eine ganze Legion kommandieren durfte. Dies überrascht umso mehr, als es damals nur römischen Rittern vorbehalten blieb, eine solche Stellung zu begleiten.

Mit dem Tod seines Vaters verlor Horaz einen beträchtlichen Teil seines Erbes, denn das Landgut wurde unter den Veteranen aufgeteilt – ein herber Rückschlag in der bislang nahtlosen Karriere des Mustersohnes. Um seinen Lebensunterhalt zu bestreiten, nahm der junge Mann die Stelle eines Schreibers an; von nun an konnte er sich intensiv mit der Dichtkunst befassen. Und das tat er mit großer Leidenschaft, denn er hatte sonst keine anderen Verpflichtungen mehr.

Zunächst ging es ihm jedoch darum, die bitteren Enttäuschungen und Niederlagen zu verarbeiten, die es auch während seiner Militärzeit gegeben hatte. Die richtigen Worte fand er dazu in seinen Gedichten. Durch eine glückliche Fügung erlangte er bald wieder ein Landgut. Nun erhellte sich auch wieder seine Dichtkunst; es folgten zahlreiche Satiren und Oden, die ihn schon damals berühmt machten.

Er selbst war davon überzeugt, dass sein Werk mit den griechischen Klassikern in einer Reihe stehen und die Zeit überdauern würde. Er sollte Recht behalten!

Das Beispiel Horaz zeigt, dass eine Investition in Bildung der Schlüssel zum Erfolg ist. Auch Manager sollten bestrebt sein, ihre Bildung auszubauen und auf den aktuellen Wissensstand zu bringen.

Horaz' Zitate für Manager

Eine Definition soll Streit ausschließen.

Ich versuche, mir die Dinge und nicht mich den Dingen zu unterwerfen.

Nur für Dumme ist das Leben langweilig.

Während Dumme Fehler zu vermeiden suchen, laufen sie ins Gegenteil.

Der Erfahrene ist furchtsam.

Wenn du nicht recht zu leben weißt, weiche den Erfahrenen.

Mische auch ein wenig Torheit unter deine Besonnenheit!

Süß ist's, zur rechten Zeit zu tollen.

Überlegt lange, was eure Schultern zu tragen
sich weigern und was sie tragen können.

Tugend ist die Mitte zwischen den Fehlern.

Dem wachsenden Geld folgt die Sorge.

Nichts weiter wünsche, wer erhielt, was genug ist.

Glücklich ist, wer fern von Geschäften.

Was sollen Gesetze ohne Moral?

Ein Habgieriger leidet immer Mangel.

Da die Zeit kurz ist, begrenze deine lange Hoffnung!

Es ist hart, mit einem Sieger zu kämpfen.

Überlege oft, was du über jemanden
sagst und wem du es sagst.

Für Kleine ziemt sich Kleines.

Einen Mann, der des Lobes würdig ist,
lässt die Muse nicht sterben.

Denen, die vieles verlangen, mangelt es an vielem.

Bisweilen sieht die breite Masse das
Wichtige, bisweilen macht sie Fehler.

O Nachahmer, Sklavenherde!

Es ist billig, wer um Nachsicht seiner
Verfehlungen bittet, sie seinerseits gewährt.

Vor dir läuft immer die Notwendigkeit her.

Deines Reichtums wird sich ein Erbe bemächtigen.

Auch für treues Schweigen gibt es sicheren Lohn.

Widrige Umstände pflegen Talent zu
enthüllen, während Glück es verbirgt.

Die Hälfte der Tat hat, wer begonnen hat.

Wir werden vom Schein des Rechten getäuscht.

Denke daran, in widrigen Zeiten ein
ruhiges Herz zu bewahren.

Tollkühn alles zu ertragen, stürzt sich das
Menschengeschlecht auf verbotene Taten.

Wage es, Vernunft zu üben, fang an!

Viele Versprechungen schmälern das Vertrauen.

Hüte dich, danach zu fragen, was morgen geschehen wird!

Doch was verbietet, lächelnd die Wahrheit zu sagen?

Die Tugend liegt darin, das Laster zu fliehen, und von
Dummheit frei zu sein, ist der Beginn der Weisheit.

Reich ist, wer weise ist.

Das gesprochene Wort kann nicht zurückkehren.

Und einmal ausgesprochen, fliegt das
Wort unwiderruflich davon.

Unaufhaltsam enteilt die Zeit.

Weise hüllt der Gott den Ausgang der
kommenden Zeit in düstere Nacht.

„Wenn du scharf sehen kannst, dann sieh hin und urteile so weise wie möglich."

Mark Aurel, römischer Kaiser
121–180 n. Chr.

Mark Aurel für Manager: Scharfblick mit Rückschlüssen

Wer kennt sie nicht, die *Selbstbetrachtungen* des Mark Aurel. In fast jeder klassischen Hausbibliothek findet sich ein solches Bändchen. Doch auch für Manager sind die *Selbstbetrachtungen* des römischen Kaisers eine vielfältige und anregende Lektüre. Worum geht es? In den *Selbstbetrachtungen* bündeln sich die Selbstgespräche, Meditationen, Gedankengänge, Erfahrungen und Erlebnisse eines Herrschers, der in seinem letzten Lebensjahrzehnt zahlreiche Krisen zu bewältigen hatte: Kriege an der Peripherie des Reiches, Pest und Seuchen, die die zurückkehrenden Heere einschleppten, bereiteten ihm ebenso große Sorgen wie regionale Aufstände und Hungersnöte.

In den Sentenzen, die oft nicht länger als kurze Sätze sind, spiegelt sich das Innenleben eines Menschen wider, wie es selten so zu lesen ist. Der Kaiser eines mächtigen Imperiums schreibt im Grunde für sich selber, also ohne Öffentlichkeit. Er kann sich, anders als bei Memoiren und autobiografischen Schriften, ganz den philosophischen Betrachtungen hingeben. Dabei fließen Eigenerlebnisse, Reflexionen ebenso ein wie weltanschauliche und lebenspraktische Weisheiten.

Mark Aurel hat keine Lehrsätze hinterlassen, die einfach zu übernehmen wären. Auch wollte er sich in den *Selbstbetrachtungen* weder für sein Tun rechtfertigen noch eine Dokumentation über sein Leben anfertigen. Es ist also im Grunde gleichgültig, wo wir das Bändchen aufschlagen, immer werden wir mit einem feinsinnigen und reflektierenden Geist bekannt gemacht, dessen eindringliche Gedanken und Betrachtungen auch heute noch ein Gewinn sind.

> Um Klarheit über sich und den eigenen Standpunkt zu gewinnen, ist es hilfreich, über einen längeren Zeitraum Notizen und Anmerkungen zu wichtigen Tagesgeschehnissen zu machen. Für Manager, die ständig vor Entscheidungen stehen, kann solch ein Vorgehen hilfreich sein. Rückblickend lassen sich dann Erkenntnisse und Rückschlüsse ziehen, die den eigenen Standpunkt bestätigen oder infrage stellen.

Aurels Zitate für Manager

Was kann angesichts einer bestimmten Sachlage vernünftigerweise getan oder gesagt werden?

Was dies auch immer sein mag, es steht in deiner Macht, es zu tun oder es zu sagen. Darum suche nicht nach Ausflüchten, als ob du daran gehindert würdest.

Sieh dich nicht danach um, was andere Menschen denken!

Denn nur drauf musst du achten, wohin dich die Natur führt: die des Weltganzen durch das, was dir widerfährt, und deine eigene durch das, was du zu tun hast. Jeder muss das tun, was sich aus seiner Naturanlage ergibt.

Beste Art sich zu wehren: sich nicht anzugleichen.

Unerschütterliche Ruhe gegenüber den Ereignissen, die eine äußere Ursache haben.

Gerechtigkeit im Handeln, soweit es in dir selber seinen Ursprung hat, d. h. Vorsatz und Tat müssen ihr Ziel gerade im Wirken für das Gemeinwohl finden, in der Überzeugung, dass das im Einklang mit deiner Natur steht.

Gewöhne dich daran, bei dem, was ein anderer
sagt, mit Aufmerksamkeit zu weilen, und versetze
dich womöglich in die Seele des Sprechenden.

Wenn mich jemand widerlegen kann und mich zu
überzeugen vermag, dass meine Ansicht oder mein Tun
nicht richtig ist, werde ich mit Freuden meinen Standpunkt
ändern. Denn ich suche die Wahrheit. Von ihr aber ist
noch niemals jemand geschädigt worden. Schaden erleidet
(nur) der, der in seinem Irrtum und Unverstand beharrt.

Habe nicht solche Meinungen, wie sie der hat,
der sich selbst zu schädigen bereit ist, oder wie
ein solcher möchte, dass du sie hast, sondern sieh
nur darauf, wie die Dinge in Wahrheit sind.

Was ist dein Beruf? Gut zu sein.

Die Vernunft und die auf Vernunft beruhende Kunst sind
Fähigkeiten, die in sich selber und ihren entsprechenden
Werken ihr Genügen finden. Sie nehmen von ihrem eigenen
Urquell ihren Ausgang und führen auf das jeweilige Ziel
hin. Demgemäß werden Handlungen, die die Richtigkeit
des Weges anzeigen, rechte Handlungen genannt.

Dies bringt die Vollkommenheit des Charakters mit sich,
jeden Tag, als ob er der letzte wäre, zu durchleben und weder
sich aufzuregen noch abgestumpft zu sein, noch zu heucheln.

Schärfe des Geistes könnten die Leute an dir vielleicht
nicht bewundern. Mag sein. Aber vieles andere, bei
dem du nicht behaupten kannst, dafür nicht begabt zu
sein. Leiste also, was in deiner Macht steht: Lauterkeit
des Charakters, Würde, Ausdauer, Zucht, Zufriedenheit,
Bedürfnislosigkeit, Güte, Urteilsfähigkeit und Natürlichkeit.
Wäge deine Worte und zeig große Denkungsart.

Deswegen ist eine feste Burg die von Affekten freie Denkkraft.
Denn nichts Stärkeres hat der Mensch. Hat er da seine
Zuflucht gefunden, so ist er in Zukunft unüberwindlich.

Die Natur hat ebenso das Ende eines jeden Dinges zum
Ziel wie seinen Anfang oder seinen Zwischenberg,
ebenso wie der, der einen Ball aufwirft.

Alle wirken wir zu einem Endergebnis zusammen, die einen
wissend und aufmerkend, die anderen, ohne es zu achten.

Nichts begegnet einem, was er von Natur
nicht zu ertragen vermag.

Freude für den Menschen ist es, das dem
Menschen Eigentümliche zu leisten.

Bei jeder Handlung frage dich: Wie steht diese zu
mir? Werde ich nicht Reue über sie empfinden?

Beim Schreiben und Lesen wirst du nicht vorher Meister sein,
bevor du Lehrling warst. Dies noch viel mehr im Leben.

Denke daran, dass deine Meinung zu ändern
und dem, der sich berichtigt, zu folgen,
ebenfalls ein Zeichen von Freiheit ist.

Es ist dir möglich, wieder aufzuleben: Sieh die Dinge von
neuem an, wie du sie ansahst; darin liegt das Wiederaufleben.

Ich tue meine Pflicht; das Übrige lenkt mich nicht ab.
Denn entweder ist es ohne Seele oder ohne Vernunft
oder verirrt und ohne Kenntnis des Weges.

Grabe innen. Innen ist die Quelle des Guten, und sie
kann immer aufsprudeln, wenn du immer gräbst.

Die Lebenskunst ist der Ringkunst näher als der Tanzkunst.

Tue ich etwas? Ich tue etwas, wenn ich es auf
die Förderung des Menschen beziehe.

Übe dich auch in den Dingen, an denen du zweifelst.

Verlust ist nichts anderes als Verwandlung.

Es ist möglich, auch das Zukünftige vorauszusehen. Denn es
wird jedenfalls gleichförmig sein, und es ist nicht gestattet, aus
der Ordnung des gegenwärtig Geschehenden herauszutreten.

Schätze niemals als deinen Vorteil, was dich einmal
dazu zwingen wird, die Treue zu übertreten, die
Achtung im Stich zu lassen, jemanden zu hassen, zu
beargwöhnen, zu verfluchen, etwas zu wünschen,
was der Mauern und Vorhänge bedarf.

Man muss zwar freundlich und nicht blasiert dabei stehen,
aber freilich aufmerken, dass ein jeder so viel wert ist,
wie viel das wert ist, womit er sich ernsthaft abgibt.

Und wie steht's mit jedem der Sterne? Sind sie nicht
verschieden, aber mitwirkend zum selben Ziel?

Das Zukünftige soll dich nicht beunruhigen, denn du wirst,
wenn nötig, zu ihm herankommen mit derselben Vernunft,
die du jetzt dem Gegenwärtigen gegenüber gebrauchst.

Jedes ist zu seinem Zweck entstanden, Pferd,
Weinstock. Was wunderst du dich? Auch die Sonne
wird sagen, ich bin zu einer Aufgabe entstanden,
und die übrigen Götter. Du nun wozu?

Teil 2:
Klassische Literatur der Neuzeit

„*Man muss die Welt nehmen und sie nutzen,
wie man sie eben findet.*"

Michel de Montaigne, französischer Essayist
1533–1592

Montaigne für Manager: Praktischer Humanismus

In einem Schloss geboren, genoss Michel de Montaigne das Privileg einer guten Erziehung und einer humanistischen Bildung. Sein Vater, ein geadelter Kaufmann, der es mit Wein und Fisch zu Wohlstand gebracht hatte, ließ seinen Sohn neben guten Umgangsformen auch in Latein unterrichten. Der Spross einer siebenköpfigen Familie sollte Jura studieren. In Toulouse und Bordeaux begann er schließlich das Studium der Rechtswissenschaften. Seinem Vater gelang es sogar, ihm über Beziehungen und persönlichen Einfluss eine Stelle als Conseiller zu besorgen. Doch wie sich bald herausstellte, verbrachte er seine Zeit lieber am eigenen Schreibtisch, wo er bald seine berühmten Essays verfassen sollte. Aus dem Justizdienst zog er sich immer mehr zurück; er ging auf Reisen und hielt sich einige Zeit in Frankreich, Deutschland, der Schweiz und Italien auf. Doch als Jurist hatte er scheinbar Spuren in seiner Heimatstadt hinterlassen, in Abwesenheit wurde er dort zum Bürgermeister gewählt. Dieses Amt übte er von 1582 bis 1585 aus. Eine Stelle als Höfling am Pariser Hof dagegen lehnte er ab.

Montaigne schrieb nun Buch um Buch, auch seine Essays wuchsen zu einer beträchtlichen Sammlung heran. Neben Pascal, Descartes und La Rochefoucauld gehörte er damit zu den bedeutendsten französischen Autoren.

Mit seinem Werk führte er die französische Moralistik ein, zu der sich nach und nach immer mehr Autoren bekannten. Seitdem dürfen in der klassischen Zitatensammlung seine Aphorismen nicht fehlen.

> Durch das Leben von Montaigne zieht sich ein roter Faden, der auch als Lebensmaxime für Manager gelten könnte: Geradlinigkeit in Anspruch und Denken.

Montaignes Zitate für Manager

Die Achtung, die ein Mensch verdient, und sein Wert hängen ab von seinem Mut und seinem Willen: Hierin liegt seine wahre Ehre.

Es ist ein kindlicher Ehrgeiz, dadurch besonders fein wirken zu wollen, dass man es anders macht als die anderen.

Wer mit dem Anfang nicht zurechtkommt, kommt mit dem Ende erst recht nicht zurecht.

Ob wir etwas als angenehm oder unangenehm empfinden, das hängt größtenteils davon ab, wie wir uns dazu stellen.

Man soll die Lebensarbeit solange fortsetzen, wie man kann.

Die Hauptaufgabe, die wir haben, ist für jeden sein eigenes Verhalten; dazu sind wir auf der Erde.

Keinem Menschen komme es zu, zu befehlen, wenn er denen nicht überlegen ist, denen er befiehlt.

Wenn wir alles, was wir nicht begreifen, für bedeutungslos erklären, so liegt darin eine gefährliche und folgenschwere Dreistigkeit.

Es ist in der Tat keine Kleinigkeit, wenn man sich vor die
Aufgabe gestellt sieht, andere zu beherrschen, da es schon so
außerordentlich schwierig ist, sich selbst zu beherrschen.

Wir sollten, soweit das von uns abhängt,
immer fertig und marschbereit sein.

An nichts glaube ich so schwer bei den Menschen als an ihre
Beständigkeit, an nichts so leicht wie an ihre Unbeständigkeit.

Niemals haben zwei Menschen die gleiche Sache in
ganz derselben Weise beurteilt; und es ist unmöglich,
zwei Meinungen zu finden, die genau gleich sind.

Das menschliche Denken wird sinnlos,
wenn es kein bestimmtes Ziel hat.

Das meiste auf der Welt geht von selbst; der Erfolg lässt
oft ganz törichtes Verhalten berechtigt erscheinen.

Die meisten Menschen lassen sich vom Ehrgeiz
bestimmen, sie suchen nicht die Befriedigung durch
die Sache, sondern die durch den Schein.

Ich verbessere nur die Fehler, die ich aus Unachtsamkeit
begehe, nicht die, welche meiner Art entsprechen.

Wer immer nach Gründen fragt und auf seinem Recht
besteht, für den gibt es keinen reinen und ruhigen Gehorsam.

An sich ist es ja gleichgültig, ob man sein Geld
spart oder ausgibt; gut oder schlecht kann nur
genannt werden, was wir damit wollen.

Die Erfüllung liegt in dem, was genug ist.

Geschäfte, die weniger wichtig sind, brauchen
deshalb noch nicht weniger lästig zu sein.

Das Gespräch ist, meiner Ansicht nach, die lohnendste
und natürlichste Übung unseres Geistes: Keine andere
Lebensbestätigung macht mir so viel Freude.

Was nützen mir die Farben, wenn ich
nicht weiß, was ich malen soll?

Oft müssen wir uns irren, damit wir uns nicht
irren, unser Sehen und Hören beschränken,
damit die Sinne besser und schärfer werden.

Gleiche Leistungen können mit verschiedener
Kraftanstrengung und verschiedenen Willensanspannungen
erzielt werden; das eine ist vom anderen unabhängig.

Wenn wir zu vielerlei uns aneignen wollen, so verhindern
wir unseren Geist, das Einzelne richtig zu packen.

Allerdings geht es uns irgendwie gut ein, wenn wir
gelobt werden: Aber darauf geben wir viel zu viel.

Mangel und Überfluss lassen uns im
Grunde gleich unbefriedigt.

Meinen eigenen Meinungen lege ich keinen hohen Wert
bei; aber den Meinungen der anderen ebenso wenig.

Die meisten Missverständnisse auf Erden beruhen
auf sprachlichen Missverständnissen.

Ich will lieber geschäftlich als charakterlich versagen.

Als ärgerlich und langweilig ist alles
oberflächliche Denken anzusehen.

Wer nicht wagt, offen von sich zu sprechen,
dem fehlt es irgendwie an Mut.

Man muss seine Schwächen sehen und studieren,
wenn man sie tadeln will: Wer sie vor anderen verbirgt,
verbirgt sie gewöhnlich auch vor sich selbst.

Wenn der Mensch die Zurechnungsfähigkeit und
die Selbstbeherrschung verliert, so ist das der
schlimmste Zustand, in den er geraten kann.

Erst dann kann man von einem Sieg sprechen,
wenn durch ihn der Krieg beendet ist.

Es gibt noch eine andere Art der Ruhmsucht. Sie besteht darin,
dass wir unseren Wert und unsere Verdienste überschätzen.

Wenn der Geist sich zufrieden gibt, ist das immer ein Zeichen,
dass er sich verengt; oder es ist ein Zeichen der Müdigkeit.

Das gleiche Ziel wird auf verschiedenen Wegen erreicht.

Wer klug wäre, würde den wahren Wert jeder
Sache daran messen, wie weit sie für sein
Leben nützlich und verwertbar ist.

Die Freiheit meines Urteils ist mir so wichtig, dass
auch die leidenschaftlichste Zu- und Abneigung
mich nicht davon abbringen kann.

Ich habe etwas gegen die Vernunft, die den Spaß
verdirbt, gegen ihre übertriebenen Ansprüche,
durch die das Leben vergewaltigt wird.

Lieber nicht ganz leicht verständlich als langweilig.

Unter dem Schutz von Vorurteilen gelingt es der
Seele wunderbar, zur inneren Ruhe zu gelangen.

Mancher will sprechen lernen zu einem Zeitpunkt,
wo er lernen sollte, endgültig zu schweigen.

Gewöhnlich sieht man, wenn man Widerspruch
erfährt, nicht darauf, ob er berechtigt ist, sondern
wie man ihn irgendwie niederschlagen kann.

Die Gewöhnung stumpft unsere Sinne ab.

Nur durch das Wort werden wir zum Menschen, nur
durch das Wort stehen wir miteinander in Verbindung.

Unwissenheit, die sich ihrer bewusst wird, die sich beurteilt
und verurteilt, ist keine vollständige Unwissenheit.

„Den guten Ratgebern fehlen nicht die Kunden."
William Shakespeare, englischer Dichter
1564-1616

Shakespeare für Manager: Dichtung und Business

Shakespeare war ein erfolgreicher Dichter von Tragödien, Komödien und Gedichten und darüber hinaus ein erfolgreicher Geschäftsmann. Glaubt man den biografischen Angaben, so wurde ihm der Geschäftssinn bereits in die Wiege gelegt.

Schon die Eltern hatten es zu Wohlstand und Ansehen gebracht. Vater John Shakespeare war als Landwirt und Händler überaus erfolgreich, auch als Stadtrat übte er Einfluss aus, und sein Rat war gefragt. Sogar ein eigenes Wappen konnte sich die Familie leisten.

Sohn William trat allerdings nicht in die Fußstapfen seines Vaters, und entgegen seiner Dichterkollegen besuchte er auch keine Universität. Bekannt ist lediglich, dass er die Lateinschule in Stratford-upon-Avon besuchte und dort in den Fächern Latein, Griechisch und Dichtkunst unterrichtet wurde – immerhin ein respektabler Grundstock. Und so begann allmählich der langsame, aber kontinuierliche Aufstieg zum Weltdichter. Zunächst versuchte er sich als Stückeschreiber durchzusetzen und hatte Erfolg damit. Bald schon wurde Shakespeare als Emporkömmling gehandelt, der es verstand, die Theaterwelt zu beeindrucken und neue Akzente zu setzen.

War der Mensch in der Antike seinem Schicksal ausgesetzt, so tragen die Protagonisten in seinen Stücken die Konflikte in ihrem Innern aus. Verstand und Leidenschaft sind für Shakespeare die entscheidenden Pole der menschlichen Existenz. In diesem Spannungsfeld bewegen sich auch seine Figuren, die darin aufgehen oder scheitern.

Nach den anfänglichen Erfolgen, die dem Dichter und Geschäftsmann neue und einflussreiche Freundschaften einbrachten, begann er seine Arbeit zu intensivieren. Inzwischen schrieb er Schauspiele für eine Theatergruppe, an der er finanziell beteiligt war. Als Mitbegründer des Londoner Globe Theatre, sicherte er sich eine weitere Einnahmequelle zu. Damit aber auch im Winter gespielt werden konnte, beteiligte er sich am Blackfriars Theatre, das überdacht war und deshalb ein zahlungskräftiges Publikum anzog.

Das Vermögen des Dichters wuchs stetig heran, und damit auch seine Stellung in der Gesellschaft. Zudem hatte er jetzt Geld, um mit Hilfe seines Bruders das zweitgrößte Haus in seiner Geburtsstadt zu erwerben: „New Place" galt als schönstes Haus in Stradford-upon-Avon. Als William Shakespeare starb, hinterließ er ein beträchtliches Vermögen, und auch sein Ruhm sollte weiterhin wachsen.

Kunstsinn und Geschäftssinn, Muße und Business müssen einander nicht ausschließen. Es könnte sogar sein, dass beide Pole eine ideale Inspirationsquelle für den geschäftlichen Erfolg sind.

Shakespeares Zitate für Manager

Abhängigkeit ist heiser, wagt nicht, laut zu reden.

Bereit sein ist alles.

Kein Borger sei und auch Verleiher nicht; sich und den Freund verliert das Darlehn oft.

Den besseren Gründen müssen gute weichen.

Aufrichtig sein und ehrlich bringt Gefahr.

Am Stirnhaar lasst den Augenblick uns fassen.

Erfahrung wird durch Fleiß' und Müh' erlangt.

Wer vor der Zeit beginnt, der endigt früh.

An sich ist nichts weder gut noch böse;
das Denken macht es erst dazu.

Aller Menschen Gesichter sind ehrlich, wie
auch ihre Hände beschaffen seien.

Er denkt zu viel: Die Leute sind gefährlich.

Was bist du alt, wenn die Erfahrung mangelt?

Wer hoch steht, den kann mancher Windstoß treffen;
und wenn er fällt, so wird er ganz zerschmettert.

Der Feige stirbt schon vielmals, eh er stirbt.

Wahrheit ist schlicht und gerade.

Nur Bettler wissen ihres Guts Betrag.

Gerücht verdoppelt, so wie Stimm' und Echo.

Ich weiß kein Mittel gegen diese Auszehrung
des Geldbeutels; Borgen zieht es bloß in die
Länge, aber die Krankheit ist unheilbar.

Solche Männer haben immer Ruh, solang
sie jemand größer sehn als sich.
Das ist es, was sie so gefährlich macht.

Gewinn ist Segen, wenn man ihn nicht stiehlt.

So macht Gewissen Feige aus uns allen.

Den wilden Gram macht die Gewohnheit zahm.

Die Größe, die du suchst, wird dich erdrücken.

Was ist der Mensch, wenn seiner Zeit Gewinn,
sein höchstes Gut nur Schlaf und Essen ist?
Ein Vieh, nichts weiter.

Wir auf dem Gipfel stehn schon an der Neige, der
Strom der menschlichen Geschäfte wechselt.

Wahrhaft groß sein heißt, nicht ohne Grund sich regen.

Wer auf einer glatten Stelle steht, verschmäht
den schnödsten Halt zur Stütze nicht.

Sagt mir keine Lügen; das schickt sich nur für Handelsleute.

Denn nicht genug, dem Schwachen aufzuhelfen,
auch stützen muss man ihn.

Hoffnung ist oft ein Jagdhund ohne Spur.

Der Handwerker, der's allzu gut will machen,
verdirbt aus Ehrgeiz die Geschicklichkeit.

Mehr Inhalt, weniger Kunst.

Kein Weiser jammert um Verlust, er sucht
mit freud'gem Mut ihn zu ersetzen.

Ein guter Kopf weiß alles zu benutzen.

Man achtet kleiner Hunde Murren nicht, doch
große zittern, wenn der Löwe brüllt.

Manche, so da lächeln, fürcht ich, tragen
im Herzen tausend Unheil.

Ist dies schon Tollheit, so hat es doch Methode!

Fasst frischen Mut!

So lang ist keine Nacht, dass endlich
nicht der helle Morgen lacht!

Gut gebrüllt, Löwe!

Feige Hunde sind mit dem Maul am freisten.

Ein redlich Wort macht Eindruck, schlicht gesagt.

Reif sein ist alles!

Oft ist's der eigne Geist, der Rettung schafft,
die wir beim Himmel suchen.

Der reinste Schatz, den uns das Leben
bietet, ist fleckenloser Ruf.

Lasst uns einsehn, dass Unbesonnenheit uns
manchmal dient, wenn tiefe Pläne scheitern.

Hat der Fuchs die Nase erst hinein, so weiß
er bald den Leib auch nachzubringen.

Der Rest ist Schweigen.

Aus der Nessel Gefahr pflücken wir die Blume Sicherheit.

Sei denn behutsam!

Furcht gibt Sicherheit.

Doch dünkt mich keine Sünde, den betrügen,
der als ein falscher Spieler hofft zu siegen.

Manchen, welcher an der Schwelle stolpert,
verwarnt dies, drinnen lau're die Gefahr.

Oft büßt das Gute ein, wer Bessres sucht.

Der bessre Teil der Tapferkeit ist Vorsicht.

So weit die kleine Kerze Schimmer wirft, so
scheint die gute Tat in arger Welt.

Beschränke keiner, was ihm zu tun notwendig,
in der Furcht, er stößt auf neidische Tadler.

Niemals noch ertrug die Majestät das
finstere Trotzen einer Dienerstirn.

Was Menschen Übles tun, das überlebt sie,
das Gute wird mit ihnen oft begraben.

Die Übung kann fast das Gepräge der Natur verändern.

Dem Eigensinn wird Ungemach, das er
sich selber schafft, der beste Lehrer.

Dem traue nie, der einmal Treue brach!

Der uns mit solcher Denkkraft schuf, vorauszuschaun
und rückwärts, gab uns nicht die Fähigkeit und göttliche
Vernunft, um ungebraucht in uns zu schimmeln.

Lust verkürzt den Weg.

Wir wissen wohl, was wir sind, aber
nicht, was wir werden können.

Dein Wunsch war des Gedankens Vater.

In Zuversicht geht eure Weisheit unter.

Komme, was kommen mag, die Stunde
rinnt auch durch den rausten Tag

Nicht viele Eide sind Beweis von Treue, nein,
nur ein einz'ger Schwur, wahrhaft gelobt.

„*Um die Dinge ganz zu kennen,*
muss man um ihre Einzelheiten wissen."

François VI, Duc de La Rochefoucauld, französischer Moralist, Aphoristiker
1613–1680

La Rochefoucauld für Manager:
erkennen, fördern, entwickeln

Er war ein echter Abenteurer, der an Feldzügen in Italien und Flandern teilnahm. Und das war kaum verwunderlich, schließlich stammte La Rochefoucauld vom französischen Schwertadel ab, und der war bekanntlich nicht zimperlich. So bewährte er sich stets als alter Haudegen, dem auch eine schwere Gesichtsverletzung nichts anhaben konnte. Und – er war ein Liebling der Frauen! Einschlägig bekannt in der Pariser Damenwelt war er ein Salonlöwe, der die Damen zu betören und zu umschmeicheln verstand. Doch hinter diesem oberflächlichen Charakterzug verbarg sich ein genauer Beobachter und analytischer Geist.

La Rochefoucauld war kein Weltverbesserer im eigentlichen Sinne, er wollte die Moralistik stilistisch auf die Spitze treiben. Anders als bei Montaigne und Pascal fand er einen großen Leserkreis. Es ist vor allem seine hohe Formulierungskunst und die Treffsicherheit seiner analytischen Beobachtungsgabe, die ihn für das Publikum so interessant machen. Einst ein Held und Kämpfer auf den Schlachtfeldern Europas, ein Eroberer in der Damenwelt, erkrankte er in seinen letzten Lebensjahren schwer und war die meiste Zeit an seinem Lehnstuhl gefesselt. Seine Reflexionen und Maximen, die er davor und danach schrieb, zählen zum Besten in dieser Gattung, sie haben Eingang in die Weltliteratur gefunden.

Analytische Beobachtungsgabe und hohe Formulierungskunst waren nicht nur für La Rochefoucauld die idealen Werkzeuge seines Intellekts – sie sind es auch für Manager.

La Rochefoucaulds Zitate für Manager

Schweigen ist der beste Ausweg für den, der seiner Sache nicht sicher ist.

Begabung im Kleinen verlangt das entgegengesetzte Gemüt wie Begabung im Großen.

Für die meisten liegt der Wert eines Menschen in seiner augenblicklichen Beliebtheit und seinem Vermögen.

Wenn wir unsere Pflicht auch oft nur aus Angst und Trägheit tun, wollen wir dies doch als Charakterstärke anerkannt sehen.

Man will zwar andere durchschauen, aber nicht selbst durchschaut werden.

Selbst der ehrgeizigste Mensch wird nicht mehr ehrgeizig wirken, wenn er ein Ziel hat, das er unmöglich erreichen kann.

Ruhe und Unrast unserer Seele hängen nicht so sehr von großen Ereignissen ab als von der reibungslosen oder fehlerhaften Ordnung des Alltagslebens.

Die Anerkennung ernster Menschen gewinnen wir durch Leistung, die der Masse durch Glück.

Wir lassen uns gern zumuten, an das zu glauben, was außerordentlich zu sein scheint, wenn uns Außerordentliches fehlt.

Mancher erzielt durch geschickte Anwendung
seiner mittelmäßigen Fähigkeiten eher Achtung und
Ansehen als ein anderer durch wahre Leistung.

Eine kleine Aufgabe kann uns groß erscheinen
lassen, aber eine Aufgabe, die größer ist als
wir, wird uns meist klein machen.

Es ist das Zeichen einer außerordentlichen Leistung,
dass selbst die größten Neider sie loben müssen.

Eigennutz blendet die einen und erleuchtet die anderen.

Die Erscheinungsformen der Eitelkeit sind unzählbar.

Es gibt Leistung ohne Erfolg, aber
keinen Erfolg ohne Leistung.

Um Erfolg zu erringen, benimmt man sich
möglichst so, als ob man ihn schon hätte.

Die Unerschütterlichkeit des Weisen ist nichts anderes
als die Kunst, Erschütterungen nicht zu zeigen.

Die Natur gibt uns unsere Fähigkeiten, das Schicksal
die Möglichkeit, sie auch anzuwenden.

Gern verzeihen wir unseren Freunden
die Fehler, die uns nicht schaden.

Wie kann man annehmen, ein anderer
würde unser Geheimnis hüten, wenn wir
es doch selbst nicht hüten konnten?

Es ist eine lästige Krankheit, sich die Gesundheit
durch allzu strenge Lebensweise zu erhalten.

Das Festhalten an Grundsätzen verdient weder Lob noch
Tadel. Es ist nur die Beständigkeit von Neigungen und
Ansichten, die man selbst weder erwirbt noch ablegt.

Wirklich gewandt sein, heißt, den Preis der Dinge kennen.

Wir helfen anderen, um sie zur Gegenhilfe zu verpflichten,
und die ihnen erwiesenen Dienste sind daher eigentlich
nur Wohltaten, die wir uns selbst im Voraus erweisen.

Oft belästigt man andere, wenn man glaubt,
ihnen niemals lästig zu fallen.

Man kann nicht für seinen Mut einstehen,
wenn man nie in Gefahr gewesen ist.

Unerschrockenheit ist die außerordentliche Kraft
der Seele, welche sie über die Unruhe, Verwirrung
und Erregung hinweg hebt, die der Augenblick
großer Gefahren in ihr hervorrufen könnte.

Kein Streit würde lang dauern, wenn das
Unrecht nur auf einer Seite wäre.

Dem Weisen scheint es besser, dem Kampf
fern zu bleiben, als zu siegen.

Es ist ebenso leicht, sich selbst zu täuschen, ohne
dass man es merkt, wie schwer es ist, andere
zu täuschen, ohne dass sie es bemerken.

Was Grazie dem Körper, ist Klarheit dem Geist.

Der größte Fehler des Scharfsinns besteht nicht darin, dass er
sein Ziel nicht erreicht, sondern dass er darüber hinausgeht.

Selbstvertrauen schafft ein Gutteil des Vertrauens zu anderen.

Oft ist man mit sich selbst ebenso sehr im
Widerspruch wie mit anderen.

Wollen und Tat müssen in gewisser Beziehung stehen,
wenn das Bestmögliche erreicht werden soll.

Nur wenig ist an sich unmöglich. Wenn uns etwas nicht
möglich ist, fehlt es uns eher an Tatkraft als an den Mitteln.

So viel Schönes man auch an sich entdeckt haben mag,
es bleibt immer noch unerforschtes Gebiet zurück.

Man tadelt die Ungerechtigkeit nicht um ihrer selbst,
sondern um des Schadens willen, den sie uns zufügt.

Was uns stets überzeugen kann, ist die Leidenschaft. Sie ist
eine natürliche Fähigkeit von immer gleicher Wirksamkeit,
sodass der einfachste Mensch, der Leidenschaft hat,
besser überzeugt als der beredsamste, der sie nicht hat.

Beim Versprechen leitet uns die Hoffnung,
beim Halten die Furcht.

Alle Menschen und Dinge haben ihre besondere
Perspektive. Manche muss man aus der Nähe sehen,
um sie beurteilen zu können, andere aus der Ferne.

Man kann schlauer sein als andere, aber niemals
schlauer als alle anderen zusammen.

Gewöhnlich wagen wir nur dann dem Schein nicht
zu glauben, wenn wenig auf dem Spiel steht.

Damit wir immer gut sein könnten, müssten die anderen
glauben, niemals ungestraft gegen uns böse sein zu können.

Oft ist man stark aus Schwäche und waghalsig aus Angst.

Einseitige Menschen gefallen nicht lange.

Kultivierter Leichtsinn entsteht aus kultivierter Vernunft.

„*Das Gefühl unserer Kräfte steigert sie.*"

Luc de Clapiers, Marquis de Vauvenargues, französischer Moralist, Dichter
1715-1747

Vauvenargues für Manager: emotionale Intelligenz

Der Offizier aus verarmtem Adel war zunächst ein überzeugter Militarist und fühlte sich zum Soldaten berufen. So kämpfte er in Italien und Böhmen unter den härtesten Bedingungen. Diese extreme Lebensweise zehrte unweigerlich an seiner Gesundheit, die er schließlich gefährdete, dass er seinen Dienst quittieren und aus der Armee ausscheiden musste. Für einen Adeligen musste dies aber nicht das Ende der Karriere bedeuten. Vauvenargues macht sich nun Hoffnung auf eine Diplomatenlaufbahn, doch diese Hoffnung erfüllte sich nicht, und so zog er sich immer mehr zurück.

Obwohl Vauvenargues selbst ein Opfer des Absolutismus war, schloss er sich nicht dem aufgeklärten Bürgertum an, das zur Rebellion bereit war. Man darf vermuten, dass sein Elitebegriff dagegen sprach und er nicht über seinen eigenen Schatten springen konnte. An Mut fehlte es ihm nicht, jedoch an Einsicht und Entschlossenheit.

In der Einsamkeit einer Gelehrtenexistenz schrieb er nun seine Hauptwerke (Reflexionen und Maximen). Voltaire schätzte seine Gedanken sehr, beide verband der Glaube an die ethische Kraft im Menschen, die sie als ein göttliches Zeichen werteten. Zudem glaubte Vauvenargues an die „Macht des Herzens" und meinte damit wohl, dass der Ursprung eben jener ethischen Kraft aus der Mitte des Herzens kommen müsse. Wir würden heute vielleicht von emotionaler Intelligenz sprechen.

Vauvenargues zählt zu den bedeutendsten französischen Moralisten.

> Emotionale Intelligenz befähigt Manager zu mehr Empathie und sorgt dafür, dass sie ein Gespür für Probleme und Störungen im betrieblichen Umfeld entwickeln. Rechtzeitig wahrgenommen, lassen sich diese Probleme bereits im Vorfeld lösen.

Vauvenargues' Zitate für Manager

Wer alles ertragen kann, kann alles wagen.

Kennzeichen treffenden Ausdrucks ist, dass auch das, was an sich zweideutig ist, nur eindeutig ausgelegt werden kann.

Unsere Handlungen sind nicht so gut und nicht so lasterhaft wie unsere Absichten.

Deutlichkeit erspart Längen und kann Gedanken beweisen.

Man weiß am besten, was man nicht gelernt hat.

Höchstes Glück und tiefstes Unglück vermag die Mittelmäßigkeit nicht zu fühlen.

Man sagt wenig Gründliches, wenn man stets nach Originalität strebt.

Wenn die Einführung einer Neuerung auf zu große Schwierigkeiten stößt, beweist das, dass sie unnötig ist.

Ein Dummkopf mit gutem Gedächtnis steckt voller Gedanken und Fakten, aber er hat keine Kraft zur Synthese, und daran hängt alles ab.

Trägheit ist der Schlummer des Geistes.

Es überrascht böse Menschen stets, die berechnende
Schlauheit auch bei den Guten zu finden.

Die Mäßigung der Schwachen ist Mittelmäßigung.

Wir sind so sehr mit uns und unseresgleichen
beschäftigt, dass wir alles Übrige, obwohl es
unter unseren Augen lebt, kaum beachten.

Die Frucht der Arbeit ist die süßeste aller Freuden.

Manchmal ist es schwerer, einen einzigen Menschen
als ein ganzes Volk zu beherrschen.

Herrscht Ordnung innerhalb der Menschheit, so ist es ein
Beweis, dass Vernunft und Tugend die Oberhand haben.

Nichts, das lang währt, ist sehr angenehm, nicht
einmal das Leben, und trotzdem liebt man es.

Wenn die Menschen sich nicht schmeichelten,
könnten sie kaum in Gemeinschaft leben.

Es gibt manche Menschen, über die man besser
schweigt, als dass man sie nach Verdienst lobt.

Wir lieben mitunter sogar das Lob, das
wir für nicht aufrichtig halten.

Der Feige muss weniger Beleidigungen
schlucken als der Ehrgeizige.

Höchste Gewandtheit: ohne Gewalt zu herrschen.

Tätigkeit erreicht mehr als Klugheit.

Es gibt Leute, deren Gaben man ohne
ihre Fehler nie erkannt hätte.

Niemand ist mehr Fehlern ausgesetzt, als
wer nur aus Überlegung handelt.

Äußerstes Misstrauen ist so schädlich wie das Gegenteil. Die
meisten Menschen werden nutzlos für den, der das Risiko,
hintergangen zu werden, nicht mehr auf sich nehmen will.

Heiterkeit ist die Mutter von Einfällen.

Einfluss auf Menschen ist mehr wert als Reichtum.

Notwendigkeit befreit von der Qual der Wahl.

Zaghaftigkeit in der Ausführung macht
tollkühne Unternehmungen zunichte.

Wer sein Wort leicht gibt, bricht es leicht.

Die Überzeugung des Geistes zieht nicht
immer die des Herzens nach sich.

Rechne selten auf das Vertrauen und die Achtung
eines Menschen, der sich in deine Angelegenheiten
mischt, ohne von den seinen zu sprechen.

Der Vorteil ist die Richtschnur der Klugheit.

Alle Menschen glauben, die höchsten Posten zu verdienen,
aber die Natur, die ihnen die Fähigkeit dazu nicht mitgegeben
hat, stellt sie zufrieden auch mit den niedersten.

Allzu große Sparsamkeit macht mehr
Narren als Verschwendung.

Anerkannte Anschauungen soll man nicht
lächerlich machen, man verletzt dadurch nur
ihre Anhänger, ohne sie zu überzeugen.

Es kann kein Fehler sein, dass Menschen ihre Stärke fühlen.

Große Menschen unternehmen große Dinge, weil sie
groß sind, und die Narren, weil sie sie für leicht halten.

Die Wissenschaft der Planung besteht darin, den
Schwierigkeiten der Ausführung zuvorzukommen.

Man verachtet kühne Pläne, wenn man
sich große Erfolge nicht zutraut.

Man wird des Besten überdrüssig, wenn
es populär geworden ist.

*„Wer keinen Charakter hat,
ist kein Mensch, sondern eine Sache."*

Nicolas Chamfort, französischer Moralist und Aphoristiker
1741-1794

Nicolas Chamfort für Manager: vom Mittelmaß zur Hochleistung

Kaum zu glauben, dass ein Schüler, der wegen Respektlosigkeit die Schule verlassen musste, Hauslehrer werden konnte. Doch man täusche sich nicht, oft schon ist aus einem mittelmäßigen Schüler ein anerkannter Leistungsträger geworden – es ist also für Spitzenleistungen nie zu spät. Nur Stillstand ist eine echte Gefahr, aber dazu sollte man es erst gar nicht kommen lassen.

Bei Nicolas Chamfort, dem berühmten französischen Aphoristiker, waren die Startbedingungen alles andere als günstig. Als Kind unbekannter Eltern wurde er von dem Gemüsehändler François Nicolas aufgezogen. Rasch entwickelte sich der Knabe zu einem Musterschüler, der stets mit guten Noten brillierte, es aber an Respekt und Anpassungswillen fehlen ließ. Nach der Schule schlug er sich als Hauslehrer durch, danach als Stückeschreiber erfolgreicher Einakter. Die Einakter hinterließen beim Publikum und der Obrigkeit einen bleibenden Eindruck, so dass Chamfort später über eine königliche Pension verfügen konnte. Jedoch blieb es nicht beim Stückeschreiben, Nicolas Chamfort übte noch einen Zweitberuf aus: Er wurde Revolutionär und Sekretär des Jakobinerclubs. Nicht zuletzt war er es, der die Parole „Krieg den Palästen, aber Frieden den Hütten" herausgab und auch sonst mit plakativen Formulierungen auffiel. Berühmtheit erlangte er allerdings mit seinen Aphorismen. Er gilt als der letzte große Aphoristiker unter den französischen Moralisten.

> Höchstleistung von anderen zu fordern, verlangt Mut. Mut, sich an den eigenen Leistungen messen zu lassen (Beispielfunktion) und anderen immer einen Schritt voraus zu sein.

Chamforts Zitate für Manager

Achtung ist mehr als Beachtung, Ansehen mehr als Ruf, Ehre mehr als Ruhm.

Man beherrscht die Menschen mit dem Kopf. Man kann nicht mit dem Herzen Schach spielen.

Falsche Bescheidenheit ist die schicklichste aller Lügen.

Ein geistreicher Mann ist verloren, wenn er nicht auch ein Mann von energischem Charakter ist. Hat man die Laterne des Diogenes, so muss man auch des Diogenes Stock haben.

Man muss verstehen, die Dummheit zu begehen, die unser Charakter von uns verlangt.

Liebe, ein liebenswürdiger Wahnsinn – Ehrgeiz, eine ernsthafte Dummheit.

Es ist ein großes Unglück für den Menschen, dass seine Vorzüge ihm oft hinderlich sind, und dass die Kunst, sich ihrer zu bedienen und sie zu lenken, oft nur eine späte Frucht der Erfahrung ist.

Erfolg erzeugt Erfolg wie Geld das Geld.

Man erschrickt über heftige Entschlüsse, aber sie passen für starke Seelen, und kräftige Charaktere ruhen sich in Extremen aus.

Statt die Menschen von gewissen Fehlern, die der
Gesellschaft unerträglich sind, zu korrigieren, müsste
man die Schwäche derer, die sie dulden, korrigieren.

Für Geheimnis und anvertrautes Gut
gelten die gleichen Regeln.

Es gibt Menschen, die das Bedürfnis haben, zu glänzen, sich
über die anderen zu erheben, koste es, was es wolle. Alles
ist ihnen recht, wenn sie sicher sind auf den Brettern des
Marktschreiers. Ob Theater, Thron, Schafott – sie fühlen
sich überall wohl, wo sie die Blicke auf sich ziehen.

Man ist glücklich oder unglücklich durch eine Menge
von Dingen, die nicht ans Tageslicht kommen, über
die man nicht spricht und nicht sprechen kann.

In großen Dingen zeigen sich die Menschen so, wie man es
von ihnen erwartet, in kleinen geben sie sich so, wie sie sind.

Das kontemplative Leben ist oft elend. Man muss mehr
handeln, weniger denken und sich nicht leben sehen.

Mit vielen Ideen ist man noch ein geistvoller Mann,
mit vielen Soldaten noch kein guter Feldherr.

Der vorzüglichste Charakter hat keine Illusionen mehr.

Weder als Mensch noch als Glied der sozialen Ordnung
muss man mehr sein wollen, als man kann.

Der verlorenste aller Tage ist der, an
dem man nicht gelacht hat.

Die Maximen bedeuten für die Lebensführung
so viel wie die Meisterregeln für die Kunst.

Es gibt Zeiten, wo die öffentliche Meinung
die schlechteste aller Meinungen ist.

Genießen und genießen lassen, ohne sich noch sonst
jemandem zu schaden – das ist die ganze Moral.

Dem Mut gesellt sich eine Art Vergnügen,
über dem Schicksal zu stehen.

Die Meinung ist die Königin der Welt, weil die
Dummheit die Königin der Schwachköpfe ist.

Allzu große Überlegenheit macht oft ungeeignet
für die Gesellschaft. Man geht auch mit Kleingeld,
nicht mit Goldbarren auf den Markt.

Überzeugung ist das Gewissen des Geistes.

Die Natur hat mir nicht gesagt: Sei nicht arm! Noch
weniger: Sei reich! Aber sie ruft mir zu: Sei unabhängig!

Unentschlossenheit, Ängstlichkeit ist für Geist
und Seele, was die Folter für den Körper.

Die beste der Gaben der Natur ist jene Kraft der
Vernunft, die uns über unsere eigenen Leidenschaften
und Schwächen erhebt und auch unsere Vorzüge,
Talente und Tugenden in unsere Macht gibt.

Der Mensch muss nach Tugend streben, aber nicht
ernstlich glauben, die Wahrheit zu finden.

Was ich gelernt habe, weiß ich nicht mehr. Das
wenige, was ich weiß, habe ich erraten.

Ich studiere nur, was mir gefällt. Ich widme mich
nur Ideen, die mich interessieren, mögen sie mir
oder anderen nützlich oder unnütz sein.

In Gefühlsdingen hat, was bewertet
werden kann, keinen Wert.

Nur wenig gestattet einem rechtschaffenen Mann,
Geist und Seele behaglich auszuruhen.

Die meisten Freundschaften sind so mit Wenn und Aber
gespickt, dass sie auf bloße Beziehungen hinauslaufen, die
dank stillschweigender Übereinkunft weiter bestehen.

Empfinden macht denken. Das gibt man nicht
zu, nicht, dass das Denken sich in Empfinden
umsetzt. Es ist nicht weniger wahr.

Verleumdung ist wie die Wespe, die uns lästig umschwärmt.
Man darf nicht nach ihr schlagen, wenn man sie nicht
sicher tötet, sonst greift sie noch wütender an als zuvor.

Meine frühesten Schmerzen wurden mir
zum Panzer gegen die folgenden.

Kein Mensch kann als Einzelner so verächtlich
sein wie eine Körperschaft. Keine Körperschaft
kann so verächtlich sein wie das Publikum.

Alles ist gleich eitel am Menschen, seine Freuden
und seine Leiden, aber goldene oder himmelblaue
Seifenblasen sind doch schöner als graue.

„Man muss Neues machen, um Neues zu sehen."
Georg Christoph Lichtenberg, deutscher Aphoristiker
1742–1799

Lichtenberg für Manager: Neugierde, Wissensdurst, Experimentierfreude

Der bucklige Göttinger Professor Georg Christoph Lichtenberg war zeitlebens ein Vielschreiber, der mehr als 6 000 Briefe schrieb und Korrespondenzpartner in ganz Europa hatte.

Der außergewöhnliche Gelehrte kam so gut wie nie aus dem Provinzstädtchen heraus. Und das musste er auch nicht. Der Ordinarius, dessen Geist in so vielen Aphorismen brillierte, hatte vor Ort genug Anregungen, er beobachtete Menschen und schöpfte daraus witzige Formulierungen und originelle Einfälle. In seinen „Sudelbüchern" kann man diese meisterhaften Beobachtungen nachlesen. Lichtenberg gilt damit als Begründer des deutschen Aphorismus. Er selber nannte seine Eintragungen Gelegenheitsnotizen und sprach ihnen nicht viel Bedeutung zu. „Pfennigs Wahrheiten" war denn auch der geeignete Übertitel für seine abertausenden Notizen.

Lichtenberg verstand sich mehr als Wissenschaftler, der mit handfesten Experimenten Ergebnisse und Erkenntnisse zeitigen wollte. So war es ihm gelungen, mit einer aus Wasserstoff gefüllten Schweinsblase einen Ballonaufstieg zu simulieren und mit einem Drachen die Wirkung der Luftelektrizität zu demonstrieren. Die Mathematik, Astronomie und physikalische Geografie wurden zu einer Profession, die er ein Leben lang betrieb. Überhaupt war Lichtenberg ein Mensch, der auf vielerlei Gebieten experimentierte. Mehrmals nahm er Anlauf, um einen satirischen Roman zu schreiben und eine Theorie des Regens zu verfassen. Er war ein Planer, ein Visionär, im Grunde auch ein Workaholic, dem es nie an Beschäftigung und Interessensgegenständen mangelte.

Geblieben sind vor allem seine blitzgescheiten, witzigen und nachdenklichen Aphorismen. Sie erhellen die Gedanken eines jeden, der sie liest.

> Planer und Visionäre wie Georg Christoph Lichtenberg haben genug Ideen, um unternehmerisch tätig zu sein. Und wenn sich Neugier, Wissensdurst und Experimentierfreude dazugesellen, macht das Berufsleben doppelt Spaß.

Lichtenbergs Zitate für Manager

Ich kann freilich nicht sagen, ob es besser werden wird, wenn es anders wird; aber so viel kann ich sagen, es muss anders werden, wenn es gut werden soll.

Das Aufschieben wichtiger Geschäfte ist eine der gefährlichsten Krankheiten der Seele.

Was hilft aller Sonnenaufgang, wenn wir nicht aufstehen.

Ein guter Ausdruck ist so viel wert als ein guter Gedanke, weil es fast unmöglich ist, sich gut auszudrücken, ohne das Ausgedrückte von einer guten Seite zu zeigen.

Bei Prophezeiungen ist der Ausleger oft ein wichtigerer Mann als der Prophet.

Es ist nicht zu leugnen, dass das, was man Beharren nennt, manchen Taten das Ansehen von Würde und Größe geben kann, so wie Stillschweigen in der Gesellschaft einem dummen Haupt Weisheit und scheinbaren Verstand.

Belehrung findet man öfter in der Welt als Trost.

Es ist eine alte Regel: Ein Unverschämter kann bescheiden
aussehen, wenn er will, aber kein Bescheidener unverschämt.

Die Verrichtungen der Blindgeborenen sind ein sicherer
Beweis, wie weit es der Geist bringen könne, wenn
ihm Schwierigkeiten entgegengesetzt werden.

Es ist eine Frage, welches schwerer ist: zu
denken oder nicht zu denken.

Man kann nicht leicht über zu vielerlei denken,
aber man kann über zu vielerlei lesen.

Heftigen Ehrgeiz und Misstrauen habe ich
noch allemal beisammen gesehen.

Wenn ich nur wüsste, wer es dem ehrlichen Mann
beibringen wollte, dass er nicht klug ist.

Man soll seinem Gefühl folgen und den ersten Eindruck,
den eine Sache auf uns macht, zu Wort bringen.

Es ist sonderbar, dass nur außerordentliche Menschen
die Entdeckungen machen, die hernach so leicht
und simpel scheinen, dieses setzt voraus, dass, um
die simpelsten, aber wahren Verhältnisse der Dinge
zu bemerken, sehr tiefe Kenntnisse nötig sind.

Die Enthusiasten, die ich gekannt habe, haben
alle den entsetzlichen Fehler, dass sie bei dem
geringsten Funken, der auf sie fällt, allemal wie ein
lange vorbereitetes Feuerwerk abbrennen.

Ehe man tadelt, sollte man immer erst versuchen,
ob man nicht entschuldigen kann.

Alle Erfindungen gehören dem Zufall zu, die
eine näher, die andre weiter vom Ende.

Es gibt Leute, die glauben, alles wäre vernünftig,
was man mit einem ernsthaften Gesicht tut.

Der Mensch ist mit Fähigkeiten begabt, die sich
nur bei zufälligen Gelegenheiten äußern.

Sehr viele und vielleicht die meisten Menschen müssen,
um etwas zu finden, erst wissen, dass es da ist.

Gerade das Gegenteil tun, heißt auch nachahmen,
es heißt nämlich, das Gegenteil nachahmen.

Man muss sich für nichts zu gering halten.

Es gibt keine wichtigere Lebensregel in der Welt
als die: Halte dich, so viel du kannst, zu Leuten,
die geschickter sind als du, aber doch nicht so sehr
unterschieden sind, dass du sie nicht begreifst.

Woher kommt es doch, dass man bei ähnlichen
Gesichtern so oft ähnliche Gesinnungen findet?

Du fragst mich, Freund, welches besser ist:
von einem bösen Gewissen genagt zu werden
oder ganz ruhig am Galgen zu hängen?

Es ist gar übel, wenn man alles aus Überlegung
tun muss, und zu nichts früh gewöhnt ist.

Die größten Dinge in der Welt werden durch
andere zuwege gebracht, die wir nichts achten,
kleine Ursachen, die wir übersehen.

Selbst unsere häufigen Irrtümer haben den Nutzen,
dass sie uns am Ende gewöhnen zu glauben, alles
könne anders sein, als wir uns es vorstellen.

Es ist nötig, alle seine Kenntnisse umzurühren und sich dann
wieder setzen zu lassen, um zu sehen, wie sich alles setzt.

Die Neigung der Menschen, kleine Dinge für wichtig
zu halten, hat sehr viel Großes hervorgebracht.

Manche unserer Originalköpfe müssen wir wenigstens so
lange für wahnwitzig halten, bis wir so klug werden wie sie.

Die Menschen können nicht sagen, wie sich
eine Sache zugetragen, sondern nur, wie sie
meinen, dass sie sich zugetragen hätte.

Es ist gewiss ein sicheres Zeichen, dass man
besser geworden ist, wenn man Schulden so
gerne bezahlt, als man Geld einnimmt.

Das Wort Schwierigkeit muss gar nicht für einen Menschen
von Geist als existent gedacht werden. Weg damit!

Unternimm nie etwas, wozu du nicht das Herz
hast, dir den Segen des Himmels zu erbitten!

Bei jeder Veränderung unseres Zustandes werden
uns gewöhnlich eine Menge von Dingen bald zu
weit und bald zu enge, kurz unbrauchbar.

*„Aller Anfang ist schwer,
am schwersten der Anfang der Wirtschaft."*

Johann Wolfgang von Goethe, deutscher Dichter
1749-1832

Goethe für Manager:
Konstellation eines erfolgreichen Lebens

Es seien die Gestirne Jungfrau, Jupiter und Venus gewesen, die die günstige Konstellation seiner Geburt bewirkten, so Johann Wolfgang von Goethe. Er, dessen größtes Werk wohl sein Leben selber war, hatte gewiss die besten Voraussetzungen für eine große Karriere gehabt. Von einem verantwortungsvollen und kultivierten Vater erzogen, von einer liebevollen und toleranten Mutter umsorgt und von einer Schwester umgeben, die ihn hingebungsvoll bewunderte – was konnte da noch schiefgehen? Dennoch ging Einiges schief. Goethes Vater riet seinem Filius zu einem Brotberuf mit ehrbarem Einkommen: Er sollte Jurist werden. Das unliebsame und trockene Studium versüßte Goethe sich mit einigen Liebschaften und dem Lesen literarischer Werke. In Wetzlar, wo er am Reichskammergericht ein Referendariat absolvierte, lernte er Charlotte Buff kennen. Es entstand in dieser Zeit sein Bestseller „Die Leiden des jungen Werther". Zurück in Frankfurt am Main, gründete er eine Anwaltspraxis, die er aber erfolglos wieder schließen musste. Goethe vertiefte sich nun immer mehr in sein literarisches Schaffen. Durch seinen Umzug an den Hof von Weimar und Sachsen geriet er in die wohlwollenden Hände von Charlotte von Stein. Hier, am Hofe des Erbprinzen Carl August, begann für Goethe die fruchtbarste Zeit seines literarischen Schaffens. Leider ging es auch hier nicht ganz ohne berufliche Verpflichtungen, denn der Herzog erkannte rasch die Fähigkeiten des jungen Mannes und vertraute ihm zahlreiche Amtsgeschäfte an. Der Geheime Rat, wie nun bald sein Titel war, machte sich hin und wieder aus dem Staub und gönnte sich sogar eine Auszeit in Italien. Der Herzog nahm es ihm nicht krumm, hatte er doch mit Goethe eine Lichtgestalt an seinem Hofe, die weit nach Europa ausstrahlte.

Um das immer größer werdende Werk zu bearbeiten und zu betreuen, hatte Goethe sich einen Stab von Mitarbeitern und Helfern zugelegt. Schließlich hatte er eine Anzahl von Assistenten und Sekretären um sich, die er seinen Wünschen gemäß einsetzen konnte.

Aber auch die Wirkung und Platzierung seines Werkes in der Öffentlichkeit war ihm wichtig, und das erreichte er über gezielte Öffentlichkeitsarbeit, d. h. Publicity und Kontrolle.

In Goethes Haus am Frauenplan in Weimar gaben sich schon bald viele bedeutende Geister aus Kunst, Wissenschaft und Adel die Klinke in die Hand. Der Meister stand nun im Zenit seines Wirkens und Schaffens.

> Die richtigen Leute zum richtigen Zeitpunkt am richtigen Ort einzusetzen, hat Goethe sehr wohl verstanden. Übrigens ein vielerprobtes Erfolgsrezept, das auch im Management immer wieder zu erstaunlichen Ergebnissen führt.

Goethes Zitate für Manager

Man erkennt niemand an als den, der uns nutzt.

Sei nicht ungeduldig, wenn man deine
Argumente nicht gelten lässt.

Aufrichtig zu sein, kann ich versprechen,
unparteiisch zu sein aber nicht.

Der Ausgang gibt den Taten ihre Titel.

Bedenke, was du tust und was dir nützt.

Denn wer lange bedenkt, der wählt nicht immer das Beste.

Das Bedeutende will jedermann, nur
soll es nicht unbequem sein.

Behaupte, wo du stehst!

Ein edles Beispiel macht die schweren Taten leicht.

Zuerst belehre man sich selbst, dann wird man
Belehrung von andern empfangen.

Wer sich nicht selbst zum Besten haben kann,
der ist gewiss nicht von den Besten.

Das Betragen ist ein Spiegel, in welchem jeder sein Bild zeigt.

Beurteile niemand, bis du an seiner Stelle gestanden hast.

Wenn die Menschen dich nicht bewundern oder
beneiden, bist du auch nicht glücklich.

Bleibe immer, was du bist.

Bleibe nicht am Boden haften, frisch gewagt und frisch hinaus!

Alles, was uns imponieren soll, muss Charakter haben.

An unmöglichen Dingen soll man selten
verzweifeln, an schweren nie.

Wenn man mit sich selbst einig ist, ist
man es auch mit andern.

Man muss einzeln versuchen, was im
Ganzen unmöglich werden möchte.

Es gibt keine Erfahrung, die nicht produziert,
hervorgebracht, erschaffen wird.

Erkenne dich selbst! Es ist ein guter Rat, der einem
jeden praktisch zum größten Vorteil gedeiht.

Erringen will der Mensch, er will nicht sicher sein.

An den Fehlern erkennt man den Menschen,
an den Vorzügen den Einzelnen.

Wenn man denkt, fertig zu sein, geht's erst recht an.

Die Funktion ist das Dasein in Tätigkeit gedacht.

Wer das Geld bringt, kann die Ware
nach seinem Sinn verlangen.

Es ist schwerer, als man denkt, gerecht zu sein.

Mit jedem Tag wird man gescheiter!

Widerspruch und Schmeichelei machen
beide ein schlechtes Gespräch.

Gewinnen kann, wer viel verloren, schnell.

Glück macht Mut.

Wer Großes will, muss sich zusammenraffen.

Wir hoffen immer, und in allen Dingen
ist besser hoffen als verzweifeln.

Ein einziges Glied, das in einer großen
Kette bricht, vernichtet das Ganze.

Mehr Kredit als Geld: So kommt man durch die Welt.

Es gibt keine Lage, die man nicht veredeln
könnte durch Leisten oder Dulden.

Das Leben lehret jedem, was er sei.

Die Macht soll handeln und nicht reden.

Wie einfach und wie kompliziert sind
doch alle menschlichen Dinge.

Immer zu misstrauen, ist ein Irrtum, wie immer zu trauen.

Der Mut verlernt sich nicht, wie er sich nicht lernt.

Wer nicht neugierig ist, erfährt nichts.

Mit den Jahren steigern sich die Prüfungen.

Mit rechten Leuten wird man was.

Man muss etwas zu sagen haben, wenn man reden will.

Die Schwierigkeiten wachsen, je näher man dem Ziele kommt.

Siegen, heißt es, oder fallen.

Es schadet nichts, wenn Starke sich verstärken.

Kein kluger Streiter hält den Feind gering.

Nichts ist höher zu schätzen als der Wert des Tages.

Zu neuen Ufern lockt ein neuer Tag.

Auch in der Tat ist Raum für Überlegung.

Man muss immer tun, was man nicht lassen kann.

Unentschlossenheit ist die größte Krankheit.

Alle Dinge haben ein paar Ursachen.

Was man nicht versteht, besitzt man nicht.

Der größte Vorzug in der Welt ist,
glücklich und zufrieden zu sein.

Frisch gewagt ist halb gewonnen …

Das Wichtige bedenkt man nie genug.

Guter Wille ist höher als aller Erfolg.

Aller Zustand ist gut, der natürlich ist und vernünftig.

„Fragen bezeichnen die Weite des Geistes, Antworten seine Freiheit."
Joseph Joubert, französischer Moralist und Aphoristiker
1754–1824

Joubert für Manager: Hinterlassenschaften

Der Mythos vom Papierkorb oder von der Ablage, in denen plötzlich Unerwartetes und Überraschendes auftauchen, hält sich noch immer. Obwohl es an Papier weniger geworden ist und das Fassungsvermögen einer elektronischen Ablage zugenommen hat, ist auch hier schon Unbekanntes, weit Entferntes und angeblich Erledigtes wieder zutage befördert worden.

Meist sind es Zufälle, die uns zu Entdeckern, Mitwissern und Geheimnisträgern machen. Ähnlich muss es wohl mit einem Teil der circa 20 000 Manuskriptseiten von Joseph Joubert gewesen sein, die man nach seinem Tod fand und auszuwerten begann.

Joseph Joubert, der zunächst in den Schuldienst eines Ordens eintrat und wenig später nach Paris ging, hatte schon früh mit dem Schreiben begonnen. In Paris suchte er Gleichgesinnte und Anschluss an die Gesellschaft, was er schließlich in den dortigen Salons fand. Hier lernte er Diderot und Chateaubriand kennen. Es kam zu lebhaften und feurigen Diskussionen.

Scheinbar hatte Joseph Joubert das Talent, Konflikte friedlich zu lösen, denn man holte ihn wieder zurück in seine alte Heimat, wo man ihn als Friedensrichter einsetzte. Joubert zog es aber bald wieder zurück nach Paris, in eine Stadt, die schon damals bedeutende Geister und Künstler anzog. Dort machte man ihn zum Inspekteur der Universität.

Da Joubert niemals etwas veröffentlicht hatte, war die Nachwelt doch sehr über diesen großen Fund erstaunt. Erst 1943 erschien der Briefwechsel zwischen ihm und Fontanes, bis dahin kannte man häufig nur seine Maximen und Reflexionen. Die funkelnden Gedankensplitter gehören seitdem zum großen Schatz der französischen Aphoristik.

> Wenn Manager Hinterlassenschaften von ihren Vorgängern übernehmen, sichten oder auswerten, sollten sie sorgsam vorgehen. Es könnte ja sein, dass sich ein ungehobener „Schatz" darin verbirgt.

Jouberts Zitate für Manager

Die Natur des Menschen ist biegsam und fügt sich in allem.

Das Genie beginnt die schönen Werke,
aber nur die Arbeit vollendet sie.

Nur ein Wort genügt, um ein Argument, das
man beherrscht, verständlich zu machen.

Jede verfassungsmäßige Autorität soll ihre
Weite und ihre Grenzen lieben.

Begeisterung ist immer ruhig, immer langsam und bleibt innig. Der plötzliche Ausbruch ist nicht Begeisterung und auch nicht aus ihr hervorgegangen, er kommt aus einem heftigen Zustand. Man soll auch die Begeisterung nicht mit dem Schwung verwechseln, der aufregt, während jene bewegt.

Es ist unmöglich, gebildet zu werden,
wenn man nur liest, was gefällt.

Die Stärke des Gehirns macht eigensinnig,
die Stärke des Geistes feste Charaktere.

Zweck des Disputs oder der Diskussion soll
nicht der Sieg, sondern der Gewinn sein.

Man muss danach streben, dem Richtigen zum
Sieg zu verhelfen, nicht aber Recht zu haben, nach
Aufrichtigkeit, nicht aber nach Unfehlbarkeit.

Der Ehrgeiz ist unerbittlich, und jedes Verdienst, das
ihm nicht dient, gilt als verächtlich in seinen Augen.

Es steckt oft mehr Geist und Scharfsinn in
einem Irrtum als in einer Entdeckung.

Wenige Menschen sind der Erfahrung würdig. Die
meisten lassen sich von ihr korrumpieren.

Alle Eroberer sind einander irgendwo ähnlich in
ihren Plänen, in ihrem Geist und Charakter.

Die Richtung unseres Geistes ist wichtiger als sein Fortschritt.

Besser, eine Frage zu untersuchen, ohne sie zu entscheiden,
als sie zu entscheiden, ohne sie zu untersuchen.

Scharfsinnige Geister überspringen alle Vorstadien und
halten weder sich noch andere am Rand der Fragen auf.

Ein Gedanke ist nur vollkommen, wenn er sich
verwenden lässt, das heißt, wenn man ihn nach
Belieben lostrennen und versetzen kann.

Der Geistreiche ist der Wahrheit sehr nahe.

Man soll in ein Buch nur so viel Geist legen wie nötig,
man kann aber im Gespräch mehr haben als nötig ist.

Man hat heute nicht nur Begierde,
sondern Ehrgeiz nach Gewinn.

Alle großen Menschen bilden sich ein, mehr
oder weniger inspiriert zu sein.

Klare Ideen helfen uns, zu sprechen, aber fast immer
handeln wir aufgrund irgendwelcher verworrener
Ideen; sie sind es, die das Leben bestimmen.

Die Vollendung setzt sich aus Kleinigkeiten zusammen.

Man ist nur korrekt, indem man korrigiert.

Es tritt ein Alter ein, wo die Kräfte unseres Körpers sich
in unseren Geist verschieben und zurückziehen.

Die Kritik ist eine methodische Übung der Urteilskraft.

Etwas Leichtsinn dringt immer in vortreffliche
Naturen ein, und da sie Flügel haben aufzusteigen,
haben sie auch welche, um sich zu verirren.

Logik ist die Grammatik, was der Sinn
für den Klang der Worte.

Man durchschneide nicht, was man lösen kann.

Man zeige keinerlei Wärme, die nicht mitgeteilt werden
kann, nichts ist kälter, als was sich nicht mitteilen lässt.

Das Mittelmäßige ist vortrefflich für die Mittelmäßigen.

Nachsicht ist ein Teil der Gerechtigkeit.

An Neuerungen ist nur gut, was Entwicklung,
Wachstum, Vollendung ist.

Keine Freiheit, wenn nicht ein starker und
mächtiger Wille die gesetzte Ordnung sichert.

Wer alles tut, was er kann, setzt sich der Gefahr aus,
seine Grenzen zu zeigen. Man soll sein Talent, seine
Kraft, seine Ausgaben nicht aufs Äußerste treiben.

Man ist nicht schuldlos, wenn man sich selbst schadet.

Schwäche, die bewahrt, ist besser als Stärke, die zerstört.

Man liebt es, seine guten Taten selbst zu vollbringen.

Man kann andere durch seine eigenen Gründe überwältigen,
aber nur durch die ihren überredet man sie.

Beim Vergleichen muss man vom Nahen zum
Fernen, vom Inneren zum Äußeren, vom
Bekannten zum Unbekannten übergehen.

Ohne Vorbild, ohne ideales Vorbild, kann niemand Recht tun.

Man kann den Menschen nur das
einreden, was sie wirklich wollen.

Gedanken sollen aus der Seele geboren werden, Wörter
aus den Gedanken und Sätze aus den Worten.

Die Zeit ist Bewegung im Raum.

Ich gehe hin, wo man mich wünscht, mindestens
ebenso gern wie wo es mir gefällt.

Denke beratend an die Vergangenheit, genießend an
die Gegenwart und handelnd an die Zukunft.

Nichts wirkt so eintönig wie ständige Zustimmung.

Auf alle Menschen verzichten und niemandem verpflichtet sein wollen, ist das Zeichen einer fühllosen Seele.

Lehren heißt zweimal lernen.

Statt mich zu beklagen, dass die Rose Dornen hat, freue ich mich darüber, dass die Dornen Rosen tragen, dass auf der Hecke Blumen wachsen.

„Wer nichts wagt, der darf nichts hoffen."
Friedrich von Schiller, deutscher Dichter der Klassik
1759–1805

Schiller für Manager:
Beruf und Anforderung

„Ich habe mir diesen Beruf gegeben, eh ich seine Forderung geprüft, seine Schwierigkeiten übersehen hatte", schrieb Schiller, als er ernüchtert feststellte, dass er als Theaterdichter gescheitert war. Eine Einsicht, die auch so mancher Manager im Laufe seines Berufslebens machen muss. Doch wer kann schon die Schwierigkeiten und Anforderungen abschätzen, die ein solcher Beruf mit sich bringt.

Anfangs trat Schiller als Herausgeber von Anthologien und Zeitschriften hervor. Leider konnte er seinen Berufsweg nicht frei wählen, sein Landesherr Carl Eugen entschied, und der sah für ihn eine militärisch-medizinische Ausbildung vor.

Als Regimentsmedikus lebte Schiller mehr schlecht als recht, denn die Bezahlung war knapp bemessen. Abgesehen davon wollte sich Schiller nicht weiter gängeln lassen und verließ fluchtartig seine württembergische Heimat. Zu einem kürzeren Zwischenspiel wurde seine Zeit als Theaterdichter am Mannheimer Nationaltheater. Aber auch diese Anstellung ging verloren, und wieder einmal platzte der Traum von einer freien Schriftstellerexistenz. Vom Schreiben wollte Schiller allerdings nicht lassen und so versuchte er sich mit Hilfe seiner adeligen Gönner durchzuschlagen. Ein Wagnis, das ihm stete und wechselnde Freunde, Gönner und Verweilaufenthalte bescherte. Erst auf seine Bitte hin, „Fürstlicher Rat" werden zu dürfen, holte ihn Carl August von Sachsen-Weimar an den Hof.

Hier lernte er seinen Dichterkollegen Johann Wolfgang von Goethe kennen, mit dem er, obwohl sich die beiden Männer in Temperament und Weltanschauung oft grundlegend unterschieden, eine intensive Freundschaft pflegte. Das geniale Freundespaar befruchtete sich in seinem Schaffen gegenseitig.

Mit seiner Ernennung zum Professor für Geschichte in Jena änderte sich Schillers prekäre Lage zunächst nur wenig, denn auch in dieser Position musste er erst einmal ohne festes Einkommen leben. Hinzu kam, dass vielerlei Krankheiten seine Gelehrtenexistenz erschwerten. Er führte – anders als Goethe – stets ein Leben am Abgrund. Erstaunlich dabei ist seine ungeminderte Schaffenskraft, die sich in zahlreichen Dramen, Essays und Gedichten niederschlug. Seine Arbeit war ihm alles: „Fleiß", so Schiller, „gibt nicht nur die Mittel des Lebens, sondern er gibt ihm auch seinen alleinigen Wert."

Heute gibt es – anders als zu Schillers Zeiten – vielfältige Möglichkeiten der beruflichen Umorientierung und des Neubeginns. Es ist deshalb für viele Manager kein Nachteil mehr, sich anders und neu aufzustellen. Dabei gilt es jedoch Einiges zu bedenken:

Welche Chancen bietet der berufliche Neubeginn? Wie lässt sich der Wechsel persönlich, finanziell und auch familiär meistern? Fragen, die es abzuklären und zu beantworten gilt.

Schillers Zitate für Manager

Der Abschied von einer langen und wichtigen
Arbeit ist immer mehr traurig als erfreulich.

Und die Angst beflügelt den eilenden Fuß.

Ein jeglicher versucht sein Glück, doch
schmal ist nur die Bahn zum Rennen.

Nichts in der Welt ist unbedeutend.

Sag etwas Gutes, und ich folge gern dem edlen Beispiel.

Der Mann muss hinaus ins feindliche Leben.

Doch mit des Geschickes Mächten ist kein ew'ger Bund
zu flechten, und das Unglück schreitet schnell.

Recht hat jeder eigene Charakter, der
übereinstimmt mit sich selbst.

Doch große Seelen dulden still.

In eignen kleinen Sorgen und Interessen
Zerstreut sich der gemeine Geist.

Denn Raub begeht am allgemeinen Gut, Wer
selbst sich hilft in seiner eignen Sache.

Auf den Wellen ist alles Welle. Auf
dem Meer ist kein Eigentum.

Bedenkt es wohl. Man übereile nichts.

Seid einig, einig, einig!

Vier Elemente, Innig gesellt, Bilden das Leben, Bauen die Welt.

Eng ist die Welt, und das Gehirn ist weit.

Ernst ist das Leben, heiter ist die Kunst.

Hinter den großen Höhen, Folgt auch
der tiefe, der donnernde Fall.

Die Sonnen also scheinen uns nicht mehr;
Fortan muss eignes Feuer uns erleuchten.

Tausend fleiß'ge Hände regen, Helfen sich in munterm
Bund, Und in feurigem Bewegen Werden alle Kräfte kund.

Der Mensch ist nachahmendes Geschöpf, Und
wer der Vorderste ist, führt die Herde.

Wohl steht das Haus gezimmert und gefügt, doch
ach: Es wankt der Grund, auf dem wir bauten.

Das Verhängte muss geschehen, Das Gefürchtete muss nahen.

Mein Gehirn treibt öfters wundersame Blasen auf,
Die schnell, wie sie entstanden sind, zerspringen.

Die Zeit bringt Rat. Erwartet in Geduld.

Denn wo das Strenge mit dem Zarten, Wo Starkes sich
und Mildes paarten, Da gibt es einen guten Klang.

Das Wort ist frei, die Tat ist stumm, Gehorsam blind.

Hier vollend' ich's – Die Gelegenheit ist günstig.

Und setzet ihr nicht das Leben ein, Nie
wird euch das Leben gewogen sein.

Ungleich verteilt sind des Lebens Güter.

Wer kann der Allmacht Grenzen setzen?

Auch die Freiheit muss ihren Herrn haben.

Hab mich nie mit Kleinigkeiten abgegeben.

Aus der Kräfte schön vereintem Streben, Erhebt
sich wirkend erst das wahre Leben.

Wer etwas Großes leisten will, muss tief eindringen, scharf
unterscheiden, vielseitig verbinden und standhaft beharren.

Das Neue dringt herein mit Macht.

Verstellung ist der offnen Seele fremd.

Wer schon der Wahrheit milde Herrschaft
scheut, Wie trägt er die Notwendigkeit?

Sein Maß ist voll, er ist zur Ernte reif. Streben wir nicht
allzu hoch hinauf, dass wir zu tief nicht fallen mögen.

Allzu straff gespannt, zerspringt der Bogen.

Früh übt sich, was ein Meister werden will.

Im engen Kreis verengert sich der Sinn, Es wächst
der Mensch mit seinen größern Zwecken.

Für alles werde alles frisch gewagt.

So selten kommt der Augenblick im Leben,
Der wahrhaft wichtig ist und groß.

„Alle Stärke liegt innen, nicht außen."
Jean Paul, deutscher Dichter
1763–1825

Jean Paul für Manager: schwungvolle Kommunikation

Eine „satirische Essigfabrik" nannte er seine Schreibkunst. Jean Paul, so sein Künstlername, litt zunächst unter den engen und dumpfen Verhältnissen in der oberfränkischen Provinz. Nur mit Hilfe seiner Phantasie gelang es ihm aus seiner ereignislosen bürgerlichen Existenz auszubrechen. Er las, was er gerade bekommen konnte, neben wissenschaftlichen Werken ebenso Werke der Literatur, Philosophie und Religion, sein Wissens- und Lesedurst war immens. Bald kam zu seiner Leseleidenschaft noch die Schreibleidenschaft hinzu. Mittels seiner überreichen Phantasie entstanden die ersten Romane. Bekannt wurde Jean Paul vor allem durch die Romane „Flegeljahre" und „Siebenkäs". Oft basieren seine Romane auf reichlich Phantasie und Humor – eine Kunst, die nicht immer geschätzt wurde. Demzufolge war auch dem Werk von Jean Paul kein langlebiger Erfolg beschieden. Und so blieb es nicht aus, dass seine Werke einige Zeit in Vergessenheit gerieten.

Der barocke Lebensmensch Jean Paul gründete unterdessen eine Familie und zog mit ihr nach Bayreuth. Es soll das gute Bier gewesen sein, das ihn dorthin lockte. Seine Schreibklause wurde von nun an das idyllisch gelegene Wirtshaus am Stadtrand. Die Wirtin hielt für ihn eine Stube frei, in der er ungestört arbeiten konnte. Für ihn ein wahrer Segen.

Humor und Phantasie kommen in der beruflichen Kommunikation oft zu kurz, denn es überwiegt in der Regel die sachliche und rationale Argumentation. Dabei könnte eine schwungvollere Kommunikation das Geschäftsklima verbessern und zu schnelleren Ergebnissen führen.

Pauls Zitate für Manager

Körperliche Abhärtung ist, da der Körper der
Ankerplatz des Mutes ist, schon geistig nötig.

Bloße Bewegung zeigt mir nur Leben, nicht dessen Inneres.

Die Wiederholung ist die Mutter – nicht bloß
des Studierens, sondern auch der Bildung.

Man kann eigentlich nichts real definieren
als eine Definition selber.

Furcht ist egoistischer als der Mut, denn sie ist bedürftiger.

In phantasierenden Menschen liegen, wie in heißen
Ländern oder auf Bergen, alle Extreme eng beieinander.

Der Hauptfehler des Menschen ist, dass er so viele Kleine hat.

Der Furchtsame erschrickt vor der Gefahr,
der Feige in ihr, der Mutige nach ihr.

Kein Gedankenstreit kann einen ewigen Frieden
schließen, sondern nur einen Waffenstillstand
für einen künftigen höhern Streit.

Wer verrät, er verwahre ein Geheimnis, hat schon dessen
Hälfte ausgeliefert, und die zweite wird er nicht lange behalten.

Von Natur sind die Frauen geborne Geschäftsleute;
berufen dazu vom Gleichgewichte ihrer Kräfte
und von ihrer sinnlichen Aufmerksamkeit.

Der Künstler braucht es nicht überall zu
sein, der große Mensch aber muss es.

Das Gute braucht zum Entstehen Zeit – das
Böse braucht sie zum Vergehen.

Heiterkeit oder Freudigkeit ist der Himmel, unter
dem alles gedeihet, Gift ausgenommen.

Bedenkt doch, ihr gekrönten und besternten
Machthaber aller Art: Ihr tragt in Zukunft
entweder alle Schuld oder allen Glanz.

Der Adel kann uns in allem übertreffen,
nur nicht in der Mehrheit.

Der Sieger wird genannt, aber selten die Sieger,
mehr der befehlende Mut als der gehorchende.

Nur die Tiefe nebelt, nicht der Berg.

In jedem Falle ist Hoffen besser als Fürchten; wer nach
Osten um die Erde schifft, gewinnt einen Tag; wer nach
Westen, verliert einen; und obgleich beide Schiffer dasselbe
Alter behalten, so will ich doch lieber der erste sein.

Zufriedene Menschen sind die ordentlichsten.

Das Gefühl findet, der Scharfsinn weiß die Gründe.

Was vermögen abgeschiedene Worte
gegen lebendig dastehende Tat!

Nie ist eine Kraft zu schwächen – kann man nicht oft genug wiederholen –, sondern nur ihr Gegenmuskel ist zu stärken.

Das Ziel muss man früher kennen als die Bahn.

Teil 3:
Klassische Literatur der Moderne

„Wer einmal trifft, ist noch kein Schütze."
Heinrich Heine, deutscher Dichter und Publizist
1797–1856

Heinrich Heine für Manager: Marke ICH

Die spitze Zunge war ihm eigen, die Polarität und Widersprüchlichkeit seiner Werke ein Markenzeichen. Heinrich Heine, der promovierte Jurist, war auf vielen literarischen Wegen ein Autor, der anzog und abstieß, dessen Werke Kontroversen und Ablehnung auslösten.

Wer kennt es nicht, dass Lorelei-Gedicht und das „Buch der Lieder"; übrigens ein Bestseller mit über 13 Auflagen. Dieses Werk machte ihn berühmt.

Bevor er ein politischer Autor wurde, war er von der Volkspoesie beeindruckt und dessen leidenschaftlicher Fürsprecher. Doch im Laufe der Zeit vollzog sich in ihm eine Wandlung hin zum analytisch-kritischen Beobachter. Bis es jedoch zu dieser Wandlung kam, verdiente er gut mit seinen Reiseführern, die damals sehr in Mode kamen. Mit seinen Reisebildern, die gleichsam unterhaltsam und belehrend waren, erfand er eine neue Form der Reiseliteratur.

Nach seiner Emigration nach Paris, einer Metropole, die auf ihn einen ungeheuren Eindruck machte, setzte er seine schriftstellerische Produktion fort. Von nun an bediente er zwei Märkte: Frankreich und Deutschland. Heine verstand es, sich bestens zu vernetzten. Eine Strategie, die damals wie heute erfolgreich war. Er kannte Zeitungsredakteure, mit denen er korrespondierte und Aufträge erhielt. So war er stets am Puls der Zeit und konnte entsprechend agieren. Dennoch blieb Heine ein Außenseiter, der es sich nicht leicht machte und ebenso viele

Befürworter wie Gegner hatte. Durch eine Krankheit ans Bett gefesselt, gab er noch lange nicht auf. In dieser Zeit begann er mit der literarischen Aufarbeitung seiner Vergangenheit.

Aus seinem Leben, das voll bepackt war mit all seinen Widersprüchen, Extremen und Launen, hatte er viel zu berichten …

> Die Marke Heinrich Heine war bekannt und fand Anklang in den Redaktionsstuben seiner Zeit, so wurde er mit Aufträgen immer gut bedacht. Für Manager gilt das Markenprinzip in gleicher Weise, denn auch sie müssen ein eigenständiges Profil entwickeln, das sie unverwechselbar macht. Eine gestandene Persönlichkeit, die sich durchzusetzen und zu repräsentieren weiß, ist eine solche Marke.

Heines Zitate für Manager

Nicht bloß das Tun, nicht bloß die Tatsache der
hinterlassenen Leistung gibt uns ein Recht auf ehrende
Anerkennung, sondern auch das Streben selbst,
und gar besonders das unglückliche Streben, das
gescheiterte, fruchtlose aber großmütige Wollen.

Die Hand, die man nicht abhauen kann, muss man küssen.

Jede Zeit hat ihre Aufgabe, und durch die Lösung
derselben rückt die Menschheit weiter.

Ihr könnt Euch darauf verlassen, die Bescheidenheit
der Leute hat immer ihre guten Gründe.

Geld ist rund und rollt weg, aber Bildung bleibt.

So ein bisschen Bildung ziert den ganzen Menschen.

Kein Talent, doch ein Charakter!

Lächelnd schreitet der Despot, Denn er weiß,
nach seinem Tod wechselt Willkür nur die Hände,
Und die Knechtschaft hat kein Ende.

Die Dummheit geht oft Hand in Hand mit Bosheit.

Keine Eigentümer schuf die Natur, denn taschenlos,
ohne Taschen in den Pelzen, kommen wir zur Welt.

Alles in der Welt endet durch Zufall und Ermüdung.

In der Weltgeschichte ist nicht jedes Ereignis die
unmittelbare Folge eines anderen, die Ereignisse
bedingen sich vielmehr wechselseitig.

Es gibt kein angenehmeres Geschäft, als dem
Leichenbegräbnis eines Feindes zu folgen.

Diejenigen fürchten das Pulver am meisten,
die es nicht erfunden haben.

Immerhin, wer nicht durch freie Geisteskraft empor
sprießen kann, der mag am Boden ranken.

Nur das Genie hat für den neuen
Gedanken auch das neue Wort.

Ein großer Genius bildet sich durch einen andern
großen Genius, weniger durch Assimilierung als
durch Reibung. Ein Diamant schleift den andern.

Schweigen ist die wesentlichste Bedingung des Glücks.

Große Männer wirken nicht bloß durch ihre Taten,
sondern auch durch ihr persönliches Leben.

Nein, wir ergreifen keine Idee, die Idee ergreift uns und
knechtet uns und peitscht uns in die Arena hinein, dass
wir, wie gezwungenen Gladiatoren, für sie kämpfen.

Ein kluger Esel frisst aus zwei Krippen.

Alle kräftigen Menschen lieben das Leben.

Das Leben ist weder Zweck noch Mittel,
das Leben ist ein Recht.

Missgunst und Neid hat Engel zum Fall gebracht.

Ein bisschen Narrheit, das versteht sich,
gehört immer zur Poesie.

Die Partei wird immer den Männern der
Partei die große Schüssel vorsetzen.

Gegen politische Feinde ist es Pflicht, politisch zu handeln.

Man muss immer die klugen Leute um Rat fragen
und das Gegenteil von dem tun, was sie raten,
dann kann man es weit bringen in der Welt.

Es gibt zwei Arten von Ratten, die hungrigen und die satten.

Der Tag ist nur der weiße Schatten der Nacht.

Die Verleumdung, das freche Gespenst,
setzt sich auf die edelsten Gräber.

Wenn wir es recht überdenken, so stecken wir
doch alle nackt in unseren Kleidern.

Der Beleidiger verzeiht nie.

Die Vorsehung weiß sehr gut, auf welche
Schultern sie ihre Lasten legt.

Diese Welt ist so eingerichtet, dass einer den
anderen plagen und ihn Geduld lehren muss.

In der Welt kann man sich mit allem befassen, wenn man nur die dazu nötigen Handschuhe anzieht.

Nur das Gefühl versteht das Gefühl.

Aus meinen großen Schmerzen mach ich die kleinen Lieder.

Gegen Schufte muss man mit List agieren, sonst ist man perdu.

So ein paar grundgelehrte Zitate zieren den ganzen Menschen.

„Führe alles aus, was du dir als unbedingt auszuführen, vorgenommen hast."

Leo Nikolajewitsch Graf Tolstoi, russischer Schriftsteller
1828–1910

Tolstoi für Manager: Quereinstieg mit Folgen

Waren es zunächst nur Kriegsberichte von der Halbinsel Krim, die den Grafen einem breiten Publikum bekannt machten, folgten bald schon längere Erzählungen darüber. Ja, der junge Offizier hatte das Grauen des Krieges hautnah miterlebt. In seinem Werk „Krieg und Frieden" schreibt der Autor über Napoleons Russlandfeldzug von 1812. Gewiss spielen darin auch autobiografische Erfahrungen eine Rolle. In dem groß angelegten geschichtsträchtigen Werk wird unter anderem in verschiedenen Episoden das Leben der Familie Rostow geschildert, die in den Wirren jener Tage dem Schicksal zu trotzen versucht. Gleichzeitig lernen wir ganz aus der Nähe historische Persönlichkeiten wie Napoleon Bonaparte kennen. Bis heute ist das Werk eine spannende und anregende Lektüre.

Tolstoi hatte zunächst ein Jurastudium begonnen, merkte aber schon bald, dass ihm die trockene Materie nicht liegt. Auch haperte es ihm an der notwendigen Disziplin, die ein solches Studium erfordert. Darüber konnte ihn auch das literarische Leben, dem er sich in der Hauptstadt hingab, nicht hinwegtrösten. Tolstoi zog sich in die Einsamkeit zurück, er suchte jetzt die Stille und Besinnung auf neue Werte. Mit seinem Rückzug auf das Landgut Jasnaja Poljana fügte er sich in die Rolle des Gutsbesitzers ein. Hier war es ihm möglich, die eigene Freiheit zu gewinnen und Reformen, die er für unumgänglich hielt, durchzuführen. So sah sein Reformplan vor, Grund und Boden zu günstigen Konditionen zu verpachten, leider machten aber nicht alle Bauern Gebrauch davon, denn sie unterstellten ihrem ehemaligen Arbeitgeber betrügerische Absichten. Dennoch managte Tolstoi den Wirtschaftsbetrieb recht erfolgreich ...

Schon zu Lebzeiten war der Mann mit dem langen weißen Bart eine Legende und eine Ausnahmeerscheinung unter den Literaten. Der russische Schriftsteller Vladimir Nabokov sagte über ihn: „Er ist der einzige Autor, den ich kenne, dessen Uhr im gleichen Rhythmus tickt wie die zahllosen Uhren seiner Leser". Ein schöneres Kompliment kann man einem Autor wohl kaum machen.

Tolstoi ist ein gutes Beispiel dafür, wie es Quereinsteigern gelingen kann, sich in ein fremdes Aufgabengebiet einzuarbeiten und mit dem Blick von außen Neues zu bewirken. Quereinsteiger überzeugen vor allem durch neue Denkansätze, Motivation und Eigeninitiative. Ihnen sollte man eine Chance geben.

Tolstois Zitate für Manager

Welche geistige Arbeit du auch immer beginnst,
lege sie erst beiseite, wenn du sie beendet hast.

Je mehr sich der Mensch an das Angenehme und Schöne
gewöhnt, umso mehr Entbehrungen bereitet er sich im Leben.

Eine üble Angewohnheit, Leute in Hüten
und Kutschen höher zu bewerten.

Wie freudig stimmt es, wenn man bemerkt, dass man
Handlungen, die früher Anstrengung kosteten, frei,
nahezu unbewusst vollzieht. Nichts zeigt so deutlich
unser Wachstum wie eine Markierung an der Wand.

Arbeit! Arbeit! Wie glücklich fühle ich mich, wenn ich arbeite!

Willst du, was du zu sagen hast, verständlich sagen,
dann rede aufrichtig, und willst du aufrichtig reden,
dann sprich so, wie dir der Gedanke gekommen ist.

Man kann alles aussprechen, sich Luft machen,
ohne jemanden zu verdammen.

Glaube an Autoritäten bewirkt, dass Fehler
der Autoritäten zu Vorbildern werden.

Jeden Befehl hinsichtlich seines Nutzens
und Schadens bedenken.

Kümmere dich nicht um den Beifall von Leuten,
die du nicht kennst oder die du verachtest.

Jede Mehrung deines Besitzes verwende nicht für
dich selbst, sondern für die Gesellschaft.

Von der Bildung kommen alle Dummheiten.

Das Hauptmerkmal eines Charakters ist, wie
er sich bei Feindseligkeiten verhält.

Alles, was in die Tiefe geht, ist klar bis zur Durchsichtigkeit.

Disziplin ist nur für Eroberer notwendig.

Alle Welt verurteilt den Egoismus. Egoismus aber
ist das Grundgesetz des Lebens. Es kommt nur
darauf an, was man als sein Ego anerkennt.

Ehrliche Arbeit hat noch keinem Schlösser eingebracht.

Einfachheit ist unabdingbare Voraussetzung
und Merkmal der Wahrheit.

Meide alles, was die Menschen trennt,
und tu alles, was sie eint.

Einseitigkeit ist die Hauptursache für
das Unglück des Menschen.

Das Leben ist eine ernste Angelegenheit. Ach,
wenn man doch immer daran dächte, besonders
in Augenblicken der Entscheidung!

Geduld und Fleiß, und ich bin überzeugt, ich
werde alles erreichen, was ich will.

Für vernünftige Fragen gibt es kein Geheimnis. Für
unvernünftige Fragen indes ist alles Geheimnis.

Das künftige Leben interessiert uns mehr als das gegenwärtige.

Bemerkst du, dass einer im Streit seine äußere Stellung
verteidigt, beende schleunigst das Gespräch.

Wie leicht entstehen schlechte Gewohnheiten!

Gleichmachung führt immer zu Benachteiligung:
Im Interesse gleicher Arbeitsvergütung wird der
beste Arbeiter dem schlechtesten gleich gestellt.

Ein großer Gedanke kennt keine Grenzen.

Die Hoffnung ist ein Unheil für den Glücklichen
und ein Segen für den Unglücklichen.

Wo Inhalt ist, fügen sich die Formen von selbst.

Kenntnisse müssen dem Glück dienen – der Vereinigung
der Menschen, nur dann sind sie wichtig.

Gegen unsere Leidenschaften müssen wir List gebrauchen.

Beschäftige dich mehr mit dir selbst als
mit der Meinung der anderen.

Regel: Die Dinge beim Namen nennen.

Lieber probieren und schlecht machen, als gar nichts tun.

Doch ehe man Respekt genießt, muss man sich ihn verdienen.
Und um ihn zu verdienen, darf man sich ihn nicht wünschen.

Je schwieriger und bedrückender die Umstände sind,
umso mehr bedarf es der Festigkeit, der Tätigkeit und
Entschlossenheit, und umso schädlicher ist die Apathie.

Der Mensch braucht Drang, Spannung – ja.

Was du tust, musst du ordentlich tun.

Liebe und Tätigkeit ist Glück.

Stehe zu deinem eigenen Wort.

Andere belügen ist bei weitem nicht so
schlimm, wie sich selbst belügen.

Suche nicht nach Größe, sondern nach
dem, was zu tun deine Pflicht ist.

Nicht ereifern sollt ihr euch, nicht verdammen, sondern euch
anstrengen, das Schlechte, das ihr seht, besser zu machen.

Für jeden Menschen existiert ein besonderer Weg,
auf dem jede These für ihn zur Wahrheit wird.

Je eindrucksvoller und imposanter etwas auf Auge und
Ohr wirkt, umso hohler und nichtswürdiger ist es.

Das Lebensziel des Menschen besteht darin, auf jedwede Weise
zur allseitigen Entwicklung alles Bestehenden beizutragen.

*„Wenn man das Dasein als eine Aufgabe betrachtet,
dann vermag man es immer zu ertragen."*

Marie von Ebner-Eschenbach, österreichische Erzählerin und Aphoristikerin
1830–1916

Ebner-Eschenbach für Manager:
selbstbewusst, autonom und erfolgreich

Sie war eine gebildete, selbstbewusste und autonome Frau, die durchaus dem heutigen Bild einer erfolgreichen Frau entsprechen könnte. Anpassung war nie ihre Sache. Mit Befremden blickte die Familie deshalb auf das poetische Treiben ihrer Tochter und maß dem keine besondere Bedeutung zu. Die junge Komtess, die neben der Reitkunst auch die Dichtkunst erlernte, holte sich Rat bei keinem Geringeren als Franz Grillparzer. Insgeheim hoffte die Familie, dass das Urteil Grillparzers für ihre Tochter ungünstig ausfallen würde, aber der berühmte Mann bestätigte der Jungautorin Talent und machte ihr sogar Hoffnung auf eine Schriftstellerkarriere. Manchmal bedarf es eben doch externer Fachleute und Gutachter, die zu einer qualifizierten Einschätzung gelangen, die ab- oder zuraten können. Im Falle von Marie von Ebner-Eschenbach war es ein Zuraten und damit der Beginn einer Schriftstellerkarriere.

Der Durchbruch als Schriftstellerin gelang ihr zwar erst spät, dennoch setzte sie sich trotz aller Widerstände und Niederlagen durch. In ihren Novellen und Erzählungen traten, für Adelige ganz ungewöhnlich, die so genannten kleinen Leute in den Vordergrund. Einmal schrieb sie den bemerkenswerten Satz: „Ihr Geringen, ihr seid die Wichtigen, ohne Eure Mitwirkung kann nichts Großes sich mehr vollziehen." Mit ihrer unbequemen Haltung verstieß Marie von Ebner-Eschenbach gegen den herrschenden Zeitgeist und musste so manch harsche Kritik einstecken.

Hervorgetreten ist die Schriftstellerin nicht nur durch ihre Erzählungen und Dramen, sie hat auch eine Vielzahl von Aphorismen geschrieben, die allesamt praxistauglich und lebensnah sind – für Manager eine lohnende Lektüre.

„Unternehmen sind nur so gut wie ihre Mitarbeiter", so ein bekanntes Zitat aus unserer Zeit. Doch nur wenn alle Mitarbeiter eingeladen oder aufgefordert werden, mitzuwirken, wenn ihnen von den Führungskräften Respekt und Wertschätzung entgegengebracht werden, kann sich nachhaltiger Erfolg einstellen. Davon sollten am Ende alle profitieren.

Ebner-Eschenbachs Zitate für Manager

Merkmal großer Menschen ist, dass sie an andere weit geringere Anforderungen stellen als an sich selbst.

Der Arbeiter soll seine Pflicht tun, der Arbeitgeber soll mehr tun als seine Pflicht.

Eiserne Ausdauer und klaglose Entsagung sind die äußersten Pole der menschlichen Kraft.

Im Entwurf zeigt sich das Talent, in der Ausführung die Kunst.

Ausnahmen sind nicht immer Bestätigungen der alten Regel; sie können auch die Vorboten einer neuen Regel sein.

Ein stolzer Mensch verlangt von sich das Außerordentliche, ein hochmütiger schreibt es sich zu.

Das unfehlbarste Mittel, Autorität über die Menschen zu gewinnen, ist, sich ihnen nützlich zu machen.

Begreifen – geistiges Berühren.

Erfassen – geistiges Sichaneignen.

Wenn man ein Seher ist, braucht man kein Beobachter zu sein.

Wenn du heute nicht etwas besser bist, als du
gestern warst, bist du gewiss etwas schlechter.

Nur der Denkende erlebt sein Leben. Am
Gedankenlosen zieht es vorbei.

Was dein Wort zu bedeuten hat, erfährst du
durch den Widerhall, den es erweckt.

Der einfachste Mensch ist immer noch
ein sehr kompliziertes Wesen.

Was wissen wir nicht alles zur Entschuldigung von Fehlern
und Übelständen vorzubringen, aus denen wir Nutzen ziehen!

Vieles erfahren haben, heißt noch
nicht, Erfahrung zu besitzen.

Die Erfolge des Tages gehören der
verwegenen Mittelmäßigkeit.

Die Summe unserer Erkenntnisse besteht aus dem, was
wir gelernt, und aus dem, was wir vergessen haben.

Die verstehen sehr wenig, die nur das
verstehen, was sich erklären lässt.

Fähigkeit ruhiger Erwägung – Anfang
aller Weisheit, Quell aller Güte!

Du kannst so rasch sinken, dass du zu fliegen meinst.

Nur wieder empor nach jedem Sturz aus der Höhe!
Entweder fällst du dich tot oder es wachsen dir Flügel.

Am bittersten bereuen wir die Fehler, die
wir am leichtesten vermieden hätten.

Etwas sollen wir unseren so genannten guten Freunden immer abzulernen suchen – ihre Scharfsichtigkeit für unsere Fehler.

Es gibt Fälle, in denen vernünftig sein feig sein heißt.

Überlege einmal, bevor du gibst, zweimal, bevor du annimmst und tausendmal, bevor du verlangst und forderst.

Im Unglück finden wir meistens die Ruhe wieder, die uns durch die Furcht vor dem Unglück geraubt wurde.

Wer Geduld sagt, sagt Mut, Ausdauer, Kraft.

Nur was für die Gegenwart zu gut ist, ist gut genug für die Zukunft.

Läufer sind schlechte Geher.

Die Gelassenheit ist eine anmutige Form des Selbstbewusstseins.

Nichts wird so oft unwiederbringlich versäumt wie eine Gelegenheit, die sich täglich bietet.

Nichts schwerer, als den gelten lassen, der uns nicht gelten lässt.

Wo Geschmacklosigkeit daheim ist, wird auch immer etwas Rohheit wohnen.

Die Menschen, denen wir eine Stütze sind, geben uns den Halt im Leben.

Das Talent zu herrschen täuscht oft über den Mangel an anderem Talent.

Man muss manchmal sogar der Versuchung, hilfreich zu sein, widerstehen können.

Ein Mann mit großen Ideen ist ein unbequemer Nachbar.

So manche Wahrheit ging von einem Irrtum aus.

Für das Können gibt es nur einen Beweis: das Tun.

Es hat noch niemand etwas Ordentliches geleistet,
der nicht etwas Außerordentliches leisten wollte.

Dafür, dass uns am Lobe nichts liegt,
wollen wir besonders gelobt sein.

Wenn ein Mensch uns zugleich Mitleid und Ehrfurcht
einflößt, dann ist seine Macht über uns grenzenlos.

Immer dasselbe tun, wenn auch noch so
gedankenlos – endlich wird's eine Methode.

Es muss sein! – grausamster Zwang. Es
hat sein müssen! – bester Trost.

Mut des Schwachen, Milde des Starken
– beide anbetungswürdig!

Die meiste Nachsicht übt der, der die wenigste braucht.

So mancher meint, ein gutes Herz zu haben,
und hat nur schwache Nerven.

Eine stolz getragene Niederlage ist auch ein Sieg.

Je einfacher das Problem, desto tiefer muss es gefasst werden.

Nichts ist erbärmlicher als die Resignation, die zu früh kommt.

Alles, was du sagen willst, sagen können,
wie du willst, ist Talent.

Die Kleinen schaffen, der Große erschafft.

So weit deine Selbstbeherrschung geht,
so weit geht deine Freiheit.

Siege, aber triumphiere nicht.

Bevor aus deinem Stil etwas werden kann,
muss aus dir selbst etwas geworden sein.

Erstritten ist besser als erbettelt.

Theorie und Praxis sind eins wie Seele und Leib, und wie
Seele und Leib liegen sie großenteils miteinander in Streit.

Ich bereue nichts, sagt der Übermut, ich werde
nichts bereuen, die Unerfahrenheit.

Dem Hungrigen ist leichter geholfen als dem Übersättigten.

Wir unterschätzen das, was wir haben, und
überschätzen das, was wir sind.

Das Verständnis reicht oft viel weiter als der Verstand.

Warten lernen wir gewöhnlich erst, wenn
wir nichts mehr zu erwarten haben.

Wenn die Zeit kommt, in der man könnte,
ist die vorüber, in der man kann.

Am Ziele deiner Wünsche wirst du jedenfalls
eines vermissen: dein Wandern zum Ziel.

Schrittweises Zurückweichen ist oft schlimmer als ein Sturz.

Was andere uns zutrauen, ist meist
bezeichnender für sie als für uns.

„*Nichts bedarf so sehr der Reform wie die Gewohnheit der Mitmenschen.*"

Mark Twain, amerikanischer Schriftsteller und Humorist
1835–1910

Mark Twain für Manager: gesunder Menschenverstand und demokratische Gesinnung

Am Ende von Twains Leben überwogen Enttäuschung und Bitterkeit in seinem Werk. Der Autor der wohl berühmtesten humoristischen Bücher des 19. Jahrhunderts („Die Abenteuer Tom Sawyers" und „Abenteuer und Fahrten des Huckleberry Finn") war am Anfang seiner Schriftstellerkarriere noch ein Mensch, der fest an die demokratischen Kräfte des einfachen Mannes glaubte.

Wie bei so vielen amerikanischen Karrieren begann sein Weg unkonventionell und unspektakulär. Von der Schule fühlte er sich enttäuscht und gegängelt, er schmiss das Handtuch und wurde Lotse auf einem Mississippi-Dampfer. Der Autodidakt fand bald darauf Anschluss an die schreibende Zunft und wurde Journalist, von dort war es nur ein kurzer Sprung bis zur Schriftstellerei. Neben seinen belletristischen Werken veröffentlichte er viele Reisebücher, die er auf seinen ausgedehnten Reisen um die ganze Welt verfasste.

Auch Europa lernte Twain während dieser Reisen kennen, doch sein Blick auf Europa war von Spott und Respektlosigkeit geprägt. Twain konnte dem musealen europäischen Kunstverständnis wenig abgewinnen. Selbst der deutsche Wein traf seinen Geschmack nicht, er nannte ihn gar eine essigartige Essenz.

Aus seiner Vorliebe für den einfachen Mann und dessen gesunden Menschenverstand machte er keinen Hehl. Dass dieser Charaktertyp aber auch

Gegenstand seiner beißenden Kritik werden konnte, zeigen auf humoristische Weise die Lausbubengeschichten von Tom Sawyer und Huckleberry Finn. Ausgestattet mit Abenteuergeist und gesundem Menschenverstand schlagen sich die beiden Freunde durchs Leben. Dabei erlebten sie oft ihr blaues Wunder. Immer aber bleiben sie demokratisch gesinnt und halten unbeirrt am Glauben an ein machbares Glück fest. Gleichzeitig macht Twain deutlich, dass die Menschen trotz ihrer Möglichkeiten und Aufbrüche nicht ganz mit ihrer Herkunft brechen können. In dieser Ambivalenz bewegt sich sein Werk. Humor, Kritik und beißender Zynismus prägen auch seine Aphorismen.

> Apropos gesunder Menschenverstand: Den sollte man auch im modernen Wirtschaftsleben nicht missen, denn er kann uns vor Fehleinschätzungen und Leichtfertigkeiten bewahren. Schließlich können auch Spezialisten und Fachleute irren.

Twains Zitate für Manager

Es geht ungerecht zu auf dieser Welt: Ein Schurke darf sich jede Anständigkeit herausnehmen, ein anständiger Mensch aber nicht die kleinste Schurkerei.

Bist du ärgerlich, so zähle bis vier; bist du sehr ärgerlich, so fluche!

Wahrheit ist unser kostbarster Besitz. Lasst uns sparsam mit ihr umgehen.

Für Börsenspekulanten ist der Februar einer der gefährlichsten Monate. Die anderen sind Juli, Januar, September, April, November, Mai, März, Juni, Dezember, August und Oktober.

Demokratie beruht auf drei Prinzipien: auf der Freiheit des Gewissens, auf der Freiheit der Rede und auf der Klugheit, keine der beiden in Anspruch zu nehmen.

Was Adjektive angeht: Im Zweifelsfall streiche sie aus.

Was Ungeduld ist, kann nur der ermessen, der
einen steinreichen, kranken Erbonkel hat.

Lasst uns dankbar sein, dass es Narren gibt. Ohne
sie könnten wir anderen keinen Erfolg haben.

Es gibt eine Reihe guter Vorkehrungen gegen die
Versuchung, doch die sicherste ist die Feigheit.

Ein gebranntes Kind scheut das Feuer – bis zum nächsten Tag.

Freundlichkeit ist eine Sprache, die Taube
hören und Blinde lesen können.

Ehe man anfängt, seine Feinde zu lieben, sollte
man seine Freunde besser behandeln.

Es gibt nur ein Problem, das schwieriger ist, als
Freunde zu gewinnen: sie wieder loszuwerden.

Man soll den Gegner nicht schlechter
machen, als er ohnehin ist.

Das schönste aller Geheimnisse: ein Genie
zu sein und es als einziger zu wissen.

Der Hunger ist die Dienerin des Genies.

Gewohnheit bedeutet, einen gewissen Platz für jede
Sache zu haben und sie niemals dort aufzubewahren.

Grundsätze haben keine wirkliche Macht,
außer man hat gerade gut gegessen.

Trenne dich nie von deinen Illusionen!
Sind sie verschwunden, so magst du noch
existieren, aber du hast aufgehört zu leben.

Journalisten sind Leute, die ein Leben lang darüber
nachdenken, welchen Beruf sie eigentlich verfehlt haben.

Runzeln sollten nur den Platz zeigen,
wo Lächeln gestanden hat.

Eine Lüge ist bereits dreimal um die Erde gelaufen,
bevor sich die Wahrheit die Schuhe anzieht.

Nur weil es verschiedene Meinungen
gibt, haben wir Pferderennen.

Adam war ein Mensch: Er wollte den Apfel nicht um
des Apfels willen, sondern weil er verboten war.

Jeder Mensch ist ein Mond und hat eine
dunkle Seite, die er niemandem zeigt.

Wenn du einen verhungernden Hund aufliest und ihn
satt machst, dann wird er dich nicht beißen. Das ist der
grundlegende Unterschied zwischen Hund und Mensch.

Zivilisation ist die unablässige Vermehrung
unnötiger Notwendigkeiten.

Einen Politiker, der immer die Wahrheit sagt, gibt
es nicht, sonst wäre er nicht Politiker geworden.

Um eine gut improvisierte Rede halten zu können,
braucht man mindestens drei Wochen.

Wir alle sehen es gern, wenn andere seekrank
sind, solange wir es nicht selber sind.

Es gibt zwei Zeiten im menschlichen Leben, in denen
man nicht spekulieren sollte: Wenn man es sich nicht
leisten kann, und wenn man es nicht kann.

Tapferkeit ist ein Anfall, der bei den meisten
Menschen schnell vorübergeht.

Man muss die Tatsachen kennen, bevor
man sie verdrehen kann.

Training ist alles. Der Pfirsich war einst eine bittere Mandel,
Blumenkohl ist nur Kohl mit College-Erziehung.

Tugend ist eine Eigenschaft, die nie
so angesehen war wie Geld.

Das Recht auf Dummheit wird von der Verfassung geschützt.
Es gehört zur Garantie der freien Persönlichkeitsentfaltung.

Wenn wir bedenken, dass wir alle verrückt
sind, ist das Leben erklärt.

Es ist schon ein großer Trost bei Wahlen, dass von mehreren
Kandidaten immer nur einer gewählt werden kann.

Der Jammer bei Weltverbesserern ist, dass
sie nicht bei sich selber anfangen.

Der Unterschied zwischen dem richtigen Wort und
dem beinahe richtigen ist derselbe wie zwischen
dem Blitz und einem Glühwürmchen.

*„Wissen nennen wir jenen kleinen Teil unserer Unwissenheit,
den wir geordnet und klassifiziert haben."*

Ambrose Bierce, amerikanischer Satiriker und Schriftsteller
1842–1914

Ambrose Bierce für Manager:
Grenzerfahrung und Risikoabschätzung

So rätselhaft, wie sein Tod in den Wirren des mexikanischen Bürgerkriegs war, so abenteuerlich war sein gesamtes Leben. Das sollte uns nicht verwundern, bei einem Autor, der ein Buch mit dem Titel „Aus dem Wörterbuch des Teufels" verfasst hat. Ambrose Bierce gilt als ein Meister der Kurzgeschichte, im amerikanischen Westen wirkte er auch als Chronist und kritischer Zeitgenosse, der sich vehement in das politische und wirtschaftliche Geschehen einmischte. So wetterte er dauerhaft gegen die Eisenbahnbarone von Southern Pacific und Central Pacific Railroad. Damit nicht genug, griff er auch die Hochtarifpolitik der Republikanischen Partei an. Er sparte dabei nicht mit derben Worten und machte Front gegen die verkommene politische Moral, die er allerorts zu finden glaubte. Als Journalist erlebte Ambrose Bierce oft gefahrvolle Situationen, so nahm er an einer Expedition durch Indianer-Territorium teil. Auch als Freiwilliger im amerikanischen Bürgerkrieg erprobte er seinen Mut. Letztlich sind es die authentischen Grenzerfahrungen seiner Bürgerkriegsgeschichten, die ihn bekannt gemacht haben.

Privat verlief das Leben von Ambrose Bierce nicht minder abenteuerlich und grenzwertig: Seine Ehe war bald zum Scheitern verurteilt, Schuld daran hatte sein übermäßiger Alkoholkonsum. Daneben musste er den Tod seiner beiden Söhne verwinden; gesundheitlich machte ihm sein schweres Asthma zu schaffen. Doch bei all diesen widrigen Lebensumständen versuchte er sich als beißender

Kritiker und zynischer Beobachter zu behaupten. Seine zuweilen bissigen und scharfzüngigen Aphorismen versprühen immer noch Polemik und Zynismus.

> Authentische Grenzerfahrungen, wie sie der amerikanische Schriftsteller Ambrose Bierce erlebte, sind auch für Manager nicht unwichtig. Denn erst wenn man um seine Fähigkeiten und Möglichkeiten weiß, kann man sie auch richtig einsetzen und manchmal sogar ein Risiko eingehen.

Bierces Zitate für Manager

Kläger: ein ehemaliger Freund; meist jemand, dem man einen Gefallen erwiesen hat.

Arbeit: Ein Vorgang, durch den A Besitz für B erwirbt.

Ausdauer: eine niedere Tugend, die der Mittelmäßigkeit zu unrühmlichem Erfolg verhilft.

Behagen: Gemütszustand beim Betrachten der Sorgen deines Nächsten.

Beifall: das Echo auf eine Plattitüde.

Beweis: eine Aussage, die einen Grad glaubwürdiger ist als die Unwahrscheinlichkeit.

Bewunderung: eine beliebte Form der Selbsterniedrigung, nicht frei von Stolz.

Bildung: das, was den eigenen Mangel an Intelligenz dem Weisen offenbart und dem Toren verbirgt.

Bündnis: die Vereinigung zweier Diebe, die ihre Hände so tief in den Taschen des anderen stecken haben, dass sie nicht unabhängig voneinander einen dritten ausplündern können.

Heucheln: dem Charakter ein sauberes Hemd überziehen.

Diplomatie: die patriotische Kunst,
für sein Vaterland zu lügen.

Verunglimpfung: Satire, wie Dummköpfe und alle
anderen Geistesbehinderten sie verstehen.

Egoist: ein unfeiner Mensch, der für sich
selbst mehr Interesse hat als für mich.

Ehrgeiz: ein übermächtiges Verlangen, von seinen
Feinden zu Lebzeiten geschmäht und von seinen
Freunden nach dem Tode verlacht zu werden.

Eile: die Tüchtigkeit von Stümpern.

Emanzipation: der Übergang eines Sklaven
aus der Unterdrückung durch einen anderen
zur Unterdrückung durch sich selbst.

Entscheidungen: Ausführungen nicht erhaltener Befehle.

Entschlossenheit: Starrsinn, den wir billigen.

Experte: ein Spezialist, der über etwas alles
weiß und über alles andere nichts.

Freundschaft – ein Schiff, groß genug, um bei gutem Wetter
zwei Menschen, bei schlechtem aber nur einen zu tragen.

Friede: die Epoche des Betrügens zwischen
zwei Epochen des Kriegführens.

Gehirn: ein Organ, mit dem wir denken, dass wir denken.

Hass: ein angemessenes Gefühl angesichts
der Überlegenheit eines anderen.

Diskussion: eine Methode, andere in
ihren Irrtümern zu festigen.

Reporter: ein Schreiber, der den Weg zur Wahrheit errät
und ihn mit einem Wolkenbruch von Worten verschüttet.

Köder: Ein Präparat, das einen Haken genießbarer
macht. Der beste Haken ist die Schönheit.

Dilemma: der Lohn der Konsequenz.

Gratulation: die Höflichkeit des Neides.

Politik: ein Streit der Interessen, der sich als
Wettstreit der Prinzipien maskiert.

Prozess: eine Maschine, in die man als Schwein
eingeht und die man als Wurst verlässt.

Radikalismus: Der Konservatismus von morgen,
injiziert in die Angelegenheiten von heute.

Rat erbitten: sich den eingeschlagenen Weg
von einem anderen bestätigen zu lassen.

Sanftmut: ungewöhnliche Geduld beim Planen
einer wirklich lohnenden Rache.

Selbstachtung: eine falsche Einschätzung.

Wissen: jener kleine Teil der Unwissenheit, den
wir geordnet und klassifiziert haben.

Wähler: Einer, der sich des geheiligten Privilegs
erfreut, für den Mann stimmen zu dürfen,
den ein anderer für ihn ausgewählt hat.

„*Gut sein heißt, mit sich selber im Einklang sein.*"
Oscar Wilde, englisch-irischer Schriftsteller
1854–1900

Oscar Wilde für Manager: Absturz aus der Höhe

Mit Samtjacke und Lilie am Revers inszenierte Oscar Wilde sich am liebsten, und so kannte ihn auch bald die englische Gesellschaft. Als Dandy, dessen Lebensprogramm einem neuen Hedonismus folgte und die Ästhetisierung des eigenen Lebensstils auf die Spitze trieb, ist er in die Literaturgeschichte eingegangen. Der Sohn eines berühmten Arztes und einer Mutter, die als bekannte Literatin einen Gesprächssalon betrieb, fand er schon früh Anschluss an die Literatur.

Seinem Stand gemäß wurde er privat erzogen. Da passt es auch gut ins Bild, dass er das Studium der klassischen Philologie am Trinity College in Dublin und einige Jahre später in Oxford fortsetzte. Dort fiel er übrigens nicht nur durch seine Dandy-Allüren sondern auch als glänzender Redner auf.

Wilde heiratete bald und hatte zwei Söhne. Mit seinen Stücken hatte er zunächst keinen Erfolg, erst die späteren Komödien brachten die erwünschte Resonanz. Mit seinen Verwechslungskomödien erzielte er wahre Lacherfolge beim Publikum. Die Leute sahen es gern, wenn die viktorianischen Prätentionen verballhornt wurden. Der respektlose und provozierende Umgang mit den gesellschaftlichen Normen spaltete jedoch seine Anhängerschaft und machte ihn zum Skandalautor. Seine Aphorismen und Bonmots hingegen zeichnen sich durch Scharfsichtigkeit und Polemik aus.

Wildes gesellschaftlicher Absturz begann mit der Aufdeckung seiner Homosexualität. Diese trug ihm nicht nur die Ächtung weiter gesellschaftlicher Kreise ein, sondern auch eine Gefängnisstrafe.

Erst ganz oben, dann ganz unten – so könnte man den Werdegang von Oscar Wilde beschreiben. Tatsächlich geschah, wie häufig nach einem Karrierebruch, der Abstieg schnell und dramatisch. Nach zwei Jahren Zuchthaus war er nahezu mittellos, gesundheitlich angeschlagen und gesellschaftlich geächtet.

Wollte er einen Neubeginn wagen, so musste er sich einen anderen Namen zulegen. Doch zu einem Neubeginn kam es nicht mehr, Melmoth, wie er sich jetzt nannte, starb am 30. November 1900 in einem kleinen mittelmäßigen Pariser Hotel.

> An Oscar Wilde lässt sich der Absturz aus großer Höhe besonders gut verdeutlichen – ein Absturz, wie er auch jeden Manager treffen kann. Fachpresse und Medien berichten zuweilen darüber. Deshalb ist es wichtig, dass Manager über ein tragfähiges Fundament verfügen, das sie im Notfall auffängt und einen Absturz mildert. Es kann finanzieller Art sein, aber auch durch soziale und berufliche Netzwerke abgesichert werden.

Wildes Zitate für Manager

Arbeit ist der Fluch der trinkenden Klassen.

Muße, nicht Arbeit, ist das Ziel des Menschen.

Ein wenig Aufrichtigkeit ist eine gefährliche Sache und viel davon ist tödlich.

Überall, wo es einen Mann gibt, der Autorität ausübt, gibt es auch einen, der seiner Autorität widerstrebt.

Nichts hat im modernen Leben eine solche Wirkung wie eine gute Banalität.

Nichtstun ist die schwierigste Beschäftigung und
zugleich diejenige, die am meisten Geist voraussetzt.

Die wahre Vollendung des Menschen liegt nicht
in dem, was er besitzt, sondern was er ist.

Beständigkeit ist die letzte Zuflucht der Phantasielosen.

Wenn man einen Charakter verderben will,
braucht man ihn nur verbessern zu wollen.

Egoismus heißt nicht leben, wie man zu leben
wünscht, sondern von anderen verlangen,
dass sie so leben, wie man es wünscht.

Gut sein heißt, mit sich selber im Einklang sein.

Die Erfahrung hat keinerlei ethischen Wert. Sie ist nur ein
Name, den die Menschen ihren Irrtümern verleihen.

Ich bin durchaus nicht zynisch, ich habe nur Erfahrung.

Wer Fehler gemacht hat, hat meistens
nur „Erfahrungen gesammelt".

Jeder Erfolg, den man erzielt, schafft uns einen Feind.

Man muss mittelmäßig sein, wenn man beliebt sein will.

Unzufriedenheit ist der erste Schritt zum Erfolg.

Erklären heißt Einschränken.

Ernsthaftigkeit ist die Zuflucht derer,
die nichts zu sagen haben.

Das Unerwartete zu erwarten, verrät
einen durchaus modernen Geist.

Gewissen und Feigheit sind in Wirklichkeit dasselbe.
Gewissen ist der Firmenname, sonst nichts.

Leute, die sich nicht die Finger verbrennen,
verstehen nichts vom Spiel mit dem Feuer.

Der Fleiß ist die Wurzel aller Hässlichkeit.

Fragen sind nie indiskret, Antworten sind es manchmal.

Das Publikum ist wunderbar nachsichtig.
Es verzeiht alles – außer Genie.

Mit dem guten Geschmack ist es ganz einfach:
Man nehme von allem nur das Beste.

Gewissen macht uns alle zu Egoisten.

Gleichgültigkeit ist die Vergeltung der
Welt für Mittelmäßigkeit.

Die Basis für einen Klatsch ist eine moralische Gewissheit.

Man soll entweder ein Kunstwerk sein
oder ein Kunstwerk tragen.

Die höchste wie die niederste Form von
Kritik ist eine Art Autobiografie.

Kritiker ist, wer seinen Eindruck von schönen Dingen in eine
andere Form oder in ein anderes Material übersetzen kann.

Lachen ist durchaus kein schlechter Anfang für eine
Freundschaft, und es ist bei Weitem ihr bester Schluss.

Macht ist die einzige Lust, derer man nicht müde wird.

Mäßigung ist eine verhängnisvolle Sache, denn
nichts ist so erfolgreich wie der Exzess.

Das Publikum fühlt sich am wohlsten, wenn
eine Mittelmäßigkeit zu ihm redet.

Natürlichsein ist eine Pose, die sich
sehr schwer durchhalten lässt.

Die Öffentlichkeit hat eine unersättliche Neugier,
alles zu wissen, nur nicht das Wissenswerte.

Wenn sie vom Siege nichts wissen, bleibt ihnen
wenigstens erspart, die Niederlage kennen zu lernen.

Nur die Oberflächlichen kennen sich selbst.

Man sollte immer anständig spielen, wenn
man die Trümpfe in der Hand hat.

Der Weg des Paradoxen ist der Weg der Wahrheit.

Um die Wirklichkeit zu erkennen, müssen
wir sie auf dem Seile tanzen sehen.

Persönlichkeiten, nicht Prinzipien,
bringen die Zeit in Bewegung.

Pflicht ist, was man von anderen erwartet.

In früheren Jahren bediente man sich der Folter, jetzt bedient
man sich der Presse. Das ist sicherlich ein Fortschritt.

Pünktlichkeit stiehlt uns die beste Zeit.

Mit einem guten Rat lässt sich nichts anderes tun, als ihn
weiterzugeben. Selber gebrauchen kann man ihn nicht.

Nur wer seine Rechnungen nicht bezahlt, darf hoffen,
im Gedächtnis der Kaufleute weiterzuleben.

Die Revolution ist die erfolgreiche Anstrengung,
eine schlechte Regierung loszuwerden
und eine schlechtere zu errichten.

Die Welt ist eine Bühne, aber die Rollen sind schlecht verteilt.

Selbstlosigkeit heißt, andere in Frieden lassen
und sich nicht in ihr Tun einmischen.

Immer auf dem Sprung stehen, bedeutet Leben.

Von Sicherheit eingewiegt werden, bedeutet sicheren Tod.

Herr über Stimmungen zu sein, ist köstlich, von
ihnen beherrscht zu werden, noch köstlicher.

Der Ungehorsam ist für jeden, der die Geschichte
gelesen hat, die ursprüngliche Tugend des Menschen.
Durch den Ungehorsam ist man zum Fortschritt
gelangt, durch den Ungehorsam und die Empörung.

Die einzige Entschuldigung für die Schaffung von etwas
Unnützem ist, dass man es unendlich bewundert.

Es ist wichtig, geschäftliche Verbindlichkeiten
nicht einzuhalten, wenn man sich den Sinn für
die Schönheit des Lebens bewahren will.

Ich kann rohe Gewalt ertragen, aber rohe
Vernunft ist mir ganz unausstehlich.

Allem kann ich widerstehen, nur der Versuchung nicht.

Gute Vorsätze sind nutzlose Versuche, in
wissenschaftliche Gesetze einzugreifen.

Alle guten Vorsätze haben etwas Verhängnisvolles:
Sie werden zu früh gefasst.

Gute Vorsätze sind Schecks auf eine Bank
ausgestellt, bei der man kein Konto hat.

Wir sind nicht in die Welt geschickt worden, um
unsere moralischen Vorurteile spazieren zu führen.

Man kann in der Wahl seiner Feinde
nicht vorsichtig genug sein.

Ein Zyniker ist ein Mensch, der von jedem Ding
den Preis und von keinem den Wert kennt.

Wir machen uns diese Welt zur Hölle, und
jeder von uns ist sein eigener Teufel.

Wohlerzogene widersprechen anderen,
Weise widersprechen sich selbst.

Witz – Intellekt auf dem Bummel.

Wohltätigkeitsfanatiker verlieren jegliches
Gefühl für Menschlichkeit.

Zeit ist Geldverschwendung.

„Am Anfang allen Schaffens steht die Vorstellungskraft."
George Bernard Shaw, irischer Schriftsteller und Dramatiker
1856–1950

Shaw für Manager:
Wille zum Aufstieg

Es konnte niemand ahnen, dass aus dem Kind anglo-irischer Eltern einmal ein bedeutender Dramatiker werden würde. Alle Indizien sprachen dagegen. Der aus ärmlichen Verhältnissen stammende Shaw entwickelte, wie viele andere Kinder aus den unterprivilegierten Schichten, einen unbändigen Ehrgeiz. Ihn zog es von Irland weg in die Hauptstadt des britischen Empire, nach London. Dort gelang es ihm, sich an der Universität einzuschreiben und Sozialphilosophie und Naturwissenschaft zu studieren. Er nahm sein Leben lang aktiv am politischen Geschehen teil, verkehrte auch in politisch radikalen Kreisen, dennoch blieb er stets ein Einzelgänger.

Sich seines literarischen Talentes bewusst, nahm er die Arbeit an zahlreichen Romanen auf, daneben versuchte er sich als Theater- und Musikkritiker. Ihm ist es übrigens zu verdanken, dass Richard Wagner in England als bedeutender Tonkünstler wahrgenommen wurde.

Es folgte bald eine Anzahl von sozialkritischen Stücken, denn Shaw verstand sich als Anwalt sozialer Missstände. Überhaupt prangerte er den neuen Imperialismus und die kapitalistischen Ausformungen seines Landes an. Obwohl er schon bald politisch desillusioniert war, glaubte er an die schöpferische Kraft des menschlichen Willens. Mit Beginn des Ersten Weltkrieges verlor er jedoch gänzlich seine Hoffnung auf eine kulturgeschichtliche Wende und beklagte den Verfall der europäischen Kultur und Zivilisation. Dass er sich dabei nicht nur

Freunde machte, liegt auf der Hand, denn auch in England gab es eine latente Kriegsbereitschaft. Da war es zwecklos, gegen die englischen Politiker aufzutreten, die er für den Kriegseintritt ebenso verantwortlich machte wie für die sozialen Missstände in der Gesellschaft. Dennoch war er kein Pessimist, im Grunde war er immer noch von der Willenskraft des Einzelnen überzeugt. Der Einzelne, so sein Credo, könne durchaus einen gesellschaftlichen und geschichtlichen Fortschritt erwirken.

Das weitere Schreiben von Bernard Shaw war geprägt von karikierenden und grotesken Worten zum Zeitgeschehen. Satire und Parodie, Karikatur und Groteske funkeln auch in seinen Aphorismen wider, die an Aktualität bis heute nicht verloren haben.

> Mit Willensstärke, wie sie der Schriftsteller Bernard Shaw versteht, kann nicht nur der eigene Aufstieg gelingen, es lassen sich auch sonst viele Ziele in Beruf, Politik und Gesellschaft erreichen.

Shaws Zitate für Manager

Widerstehe niemals der Versuchung:
Prüfe alles und behalte das Gute.

Es ist schwer, Menschen zu finden, die mit 60 zehnmal
so reich sind, als sie es mit 20 waren. Aber nicht einer
von ihnen behauptet, er sei zehnmal so glücklich.

Nichts kann bedingungslos sein: Folglich kann nichts frei sein.

Die Erfolgreichen suchen sich die Umstände,
die sie brauchen, und wenn sie sie nicht finden,
dann schaffen sie sich die Umstände selber.

Man muss Geschäftsmann sein, um
einen anderen zu schätzen.

Der einzige Weg, der zum Wissen führt, ist Tätigkeit.

Es stimmt, dass Geld nicht glücklich macht. Allerdings
meint man damit das Geld der anderen.

Der ängstliche Mann in einem Gefängnis ist sein Direktor.

Das Geheimnis des Erfolges des Alltagsmenschen
ist die Einfalt, mit der er dieses Ziel verfolgt.

Geld ist nichts. Aber viel Geld ist etwas anderes.

Was ist die Tugend denn anderes als die
Gewerkschaftsbewegung der Verheirateten?

Arbeitsteilung: Wer etwas kann, der tut es;
wer etwas nicht kann, der lehrt es.

Je mehr man über seinen Bedarf besitzt,
desto mehr Sorgen hat man.

Wir haben nicht mehr Recht, Glück zu empfangen, ohne es zu
schaffen, als Reichtum zu genießen, ohne ihn zu produzieren.

Der vernünftige Mensch passt sich der Welt an;
der unvernünftige besteht auf dem Versuch,
die Welt sich anzupassen. Deshalb hängt aller
Fortschritt vom unvernünftigen Menschen ab.

Nichts macht einen Mann so selbstsüchtig wie die Arbeit.

Es gibt zwei Tragödien im Leben. Die eine besteht
darin, nicht zu bekommen, was das Herz begehrt.
Die andere ist die, es zu bekommen.

Wer das Böse versteht, verzeiht es; wer
es empfindet, zerstört es.

Als ich ein junger Mann war, merkte ich, dass von zehn
Dingen, die ich tat, neun fehlschlugen. Ich wollte kein
Versager sein und arbeitete deshalb zehnmal so viel.

Hätte man bei der Erschaffung der Welt eine Kommission eingesetzt, dann wäre sie heute noch nicht fertig.

Es gibt fünf Arten der Lüge: die gewöhnliche Lüge, den Wetterbericht, die Statistik, die diplomatische Note und das amtliche Kommuniqué.

Alle Berufe sind Verschwörungen gegen die Laien.

Es ist gefährlich, aufrichtig zu sein, außer wenn man auch dumm ist.

Freiheit bedeutet Verantwortlichkeit. Das ist der Grund, weshalb die meisten Menschen sich vor ihr fürchten.

Nichts ist so riskant, wie modisch zu sein. Man läuft Gefahr, plötzlich unvermittelt altmodisch zu werden.

Das Geheimnis des finanziellen Erfolges besteht darin, sich um nichts anderes als um ihn zu kümmern und für nichts anderes als für ihn zu arbeiten.

Wir werden nicht durch die Erinnerung an unsere Vergangenheit weise, sondern durch die Verantwortung für unsere Zukunft.

Große Männer lehnen Titel ab, weil sie auf Titel eifersüchtig sind.

Ein Journalist bekommt für die Lösung eines Problems nicht mehr bezahlt als für dessen Formulierung. Deshalb stellt er eine Behauptung auf und läuft vor der Lösung davon.

Du siehst die Dinge und fragst „Warum?" Doch ich träume von Dingen und sage „Warum nicht?"

Bis ins hohe Alter hinein daran arbeiten zu können, woran man Freude hat, ist eine Gnade, von der ein Pensionär keine Ahnung hat.

Das Geheimnis des Erfolges ist es, möglichst
viele Menschen vor den Kopf zu stoßen.

Geld ist das wichtigste Ding auf der Welt.

Wenn die Regierung das Geld verschlechtert, um
alle Gläubiger zu betrügen, so gibt man diesem
Verfahren den höflichen Namen Inflation.

Wer Zahnschmerzen hat, hält jeden, dessen Zähne
gesund sind, für glücklich. Der an Armut Leidende
begeht denselben Irrtum dem Reichen gegenüber.

Gib auf den Groschen acht. Der Taler
wird auf sich selbst achtgeben.

Sparsamkeit ist die Kunst, aus dem Leben so
viel wie möglich herauszuschlagen.

Sorge dafür, das zu haben, was du liebst, oder du wirst
gezwungen werden, das zu lieben, was du hast.

Steuern einzuziehen ist die Hauptbeschäftigung
eines Welteroberers.

Für einen Politiker ist es gefährlich, die
Wahrheit zu sagen; die Leute könnten sich daran
gewöhnen, die Wahrheit hören zu wollen.

Prinzipien sind der jämmerlichste Grund, den
es gibt, um sich unbeliebt zu machen.

Die Weisheit eines Menschen misst man nicht
nach seiner Erfahrung, sondern nach seiner
Fähigkeit, Erfahrungen zu machen.

„In zweifelhaften Fällen entscheide man sich für das Richtige."
Karl Kraus, österreichischer Kritiker, Satiriker
1874–1936

Karl Kraus für Manager:
Schärfe, Brillanz und hohe Formulierungskunst

Er war der Sohn eines Papierfabrikanten aus Böhmen und wuchs in Wien auf. Bevor Karl Kraus als Journalist Berühmtheit erlangte und mit seinem messerscharfen Verstand das Zeitgeschehen sezierte, versuchte er sich als Schauspieler – scheiterte jedoch ebenso wie an dem Versuch, ein Studium zu absolvieren. Zwar konnte Kraus auf ein paar Semester Jura, Germanistik und Philosophie zurückblicken, aber eine Berufsausbildung konnte er nicht vorweisen. So blieb dem jungen Mann eine Ausbildung versagt.

Doch sein „feuriger" Geist war in ständigem Aufruhr und gab nicht eher Ruhe, bis auch die letzten Zweifel ausgeräumt und die moralischen Verfehlungen seiner Gegner angeprangert waren. Karl Kraus neigte zu Polemik und Satire. Sein Schlachtfeld war die „Fackel", eine Zeitschrift, die es sich zum Ziel gesetzt hatte, mit beißenden Kommentaren und kritischen, bisweilen sogar zynischen Bemerkungen über die bürgerliche Gesellschaft und ihren Wertekanon herzuziehen. Und die Nachfrage nach diesem Blatt war enorm, die Auflage stieg. An brisanten Themen fehlte es nicht, schon bald wollte jeder wissen, was „der Kraus" dazu dachte, denn seine Meinung war gefragt. Es blieb nicht aus, dass der Herausgeber auf erbitterte Feinde stieß, die ihn sogar vor Gericht zerren und ihn mundtot machen wollten.

Mit den Jahren wurde der Stil des Autors immer schärfer und sein Hass gegen das Spießertum immer größer. Er warf der bürgerlichen Presse Heuchelei, Selbstgefälligkeit und Mittelmäßigkeit vor.

Kraus aber war kein Brandstifter. Er nannte die Dinge beim Namen, legte sich mit der Obrigkeit an und schreckte auch nicht vor Intrigen und persönlichen Attacken zurück. Mit ihm war nicht gut Kirschen essen. Dennoch füllte er in der Presselandschaft der hinfälligen Donaumonarchie eine Lücke aus. Mit seinem Stück „Die letzten Tage der Menschheit" entfaltet er ein groß angelegtes Vorkriegspanorama zum Ersten Weltkrieg. Schärfe, Brillanz und eine hohe Formulierungskunst weisen seine Aphorismen aus – hier zeigt er sich als ein unüberbietbarer Meister des geschliffenen Wortes.

> Kraus war ein Mann der klaren Worte. Aber anders als im Journalismus sollte Kritik von Vorgesetzten immer sachlich und konstruktiv sein.

Kraus' Zitate für Manager

Die stärkste Kraft reicht nicht an die Energie heran, mit der manch einer seine Schwäche verteidigt.

Der Schwache zweifelt vor der Entscheidung; der Starke danach.

Wer Meinungen von sich gibt, darf sich auf Widersprüche nicht ertappen lassen. Wer Gedanken hat, denkt auch zwischen den Widersprüchen.

Ein Aphorismus braucht nicht wahr zu sein, aber er soll die Wahrheit überflügeln. Er muss mit einem Satz über sie hinauskommen.

Karriere ist ein Pferd, das ohne Reiter vor dem Tor der Ewigkeit anlangt.

Nach Ägypten wär's nicht so weit. Aber bis man zum Südbahnhof kommt.

Man glaubt gar nicht, wie schwer es oft ist, eine Tat in einen Gedanken umzusetzen!

Gute Ansichten sind wertlos. Es kommt darauf an, wer sie hat.

Ein Paradoxon entsteht, wenn eine frühreife Erkenntnis mit dem Unsinn ihrer Zeit zusammenprallt.

Bildung ist das, was die meisten empfangen, viele weitergeben und wenige haben.

Eine Notlüge ist immer verzeihlich. Wer aber ohne Zwang die Wahrheit sagt, verdient keine Nachsicht.

Sich keine Illusionen machen: Da beginnen sie erst.

In der deutschen Bildung nimmt den ersten Platz die Bescheidwissenschaft ein.

Eher verzeiht dir einer die Gemeinheit, die er an dir begangen, als die Wohltat, die er von dir empfangen hat.

Der Kellner ist ein Mensch, der einen Frack anhat, ohne dass man es merkt. Hinwieder gibt es Menschen, die man für Kellner hält, sobald sie einen Frack anhaben. Der Frack hat also in keinem Fall einen Wert.

Der Übel größtes ist der Zwang, an die äußern Dinge des Lebens, die der inneren Kraft dienen sollen, eben diese zu verplempern.

Gebildete sind, wenn sie einmal Schurken sind, Doktoren der Schurkerei.

Vielwisser dürfen in dem Glauben leben, dass es bei der Tischlerarbeit auf die Gewinnung von Hobelspänen ankommt.

Die Medizin: Geld her und Leben!

Es gibt Vorahmer von Originalen. Wenn zwei einen Gedanken haben, so gehört er nicht dem, der ihn früher hatte, sondern dem, der ihn besser hat.

Wer den halben Tag verschläft, hat das halbe Leben gewonnen.

Es gibt eine Originalität aus Mangel, die nicht imstande
ist, sich zur Banalität emporzuschwingen.

Um einen Irrtum gutzumachen, genügt es nicht, ihn
mit einer Wahrheit zu vertauschen. Sonst lügt man.

Je näher man ein Wort ansieht, desto ferner sieht es zurück.

Hass muss produktiv machen, sonst ist
es gescheiter, gleich zu lieben.

Nicht die Gewalttätigkeit, nur die
Schwäche macht mich fürchten.

Der Journalist ist vom Termin angeregt. Er
schreibt schlechter, wenn er Zeit hat.

Die Quantität ist kein Gedanke, aber dass sie ihn fraß, ist einer.

Man soll nur soviel lernen, als man gegen das Leben braucht.

Es gibt nur eine Möglichkeit, sich vor der
Maschine zu retten. Das ist, sie zu benützen.

Das Übel gedeiht nie besser, als wenn ein Ideal davor steht.

Der Zustand, in dem wir leben, ist der
wahre Weltuntergang: der stabile.

Befrage deinen Nachbarn nur über Dinge, die du
besser weißt. Sein Ratschlag könnte wertvoll sein.

Ich und meine Öffentlichkeit verstehen uns sehr gut: Sie hört
nicht, was ich sage, und ich sage nicht, was sie hören möchte.

Der Anspruch auf den Platz an der Sonne ist bekannt.
Weniger bekannt ist, dass sie untergeht, sobald er errungen ist.

Besser, es wird einem nichts gestohlen. Dann hat man wenigstens keine Scherereien mit der Polizei.

Der Skandal fängt an, wenn die Polizei ihm ein Ende bereitet.

Talent ist oft nur ein Charakterdefekt.

Vervielfältigung ist insofern ein Fortschritt, als sie die Verbreitung des Einfältigen ermöglicht.

Es sollte für ehrlos gelten, wider besseres Wissen die Wahrheit zu sagen.

Er hatte eine Art, „zahlen!" zu rufen, dass es der Kellner für eine Forderung hielt und erst recht nicht kam.

MIX
Papier aus verantwortungsvollen Quellen
Paper from responsible sources
FSC® C105338

If you have any concerns about our products,
you can contact us on
ProductSafety@springernature.com

In case Publisher is established outside the EU,
the EU authorized representative is:
**Springer Nature Customer Service Center GmbH
Europaplatz 3, 69115 Heidelberg, Germany**

Printed by Libri Plureos GmbH
in Hamburg, Germany